뉴노멀 시대의
이러닝과 원격교육

이영주 저

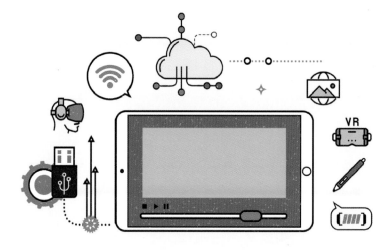

E-Learning and Distance Education
in the New Normal Era

학지사

머리말

코로나바이러스 감염증^{COVID-19}으로 우리의 삶과 사회는 큰 변화를 겪었다. 잠시 버티면 일상을 되찾을 수 있으리라 희망했지만, 이처럼 장기간 전 세계에 위협적으로 다가올 것이라고는 아무도 예상하지 못했을 것이다. 그러나 '전화위복'이란 말이 있듯이 고난은 또 다른 기회가 되어 원격교육은 새로운 국면을 맞이하게 되었다.

인터넷, 모바일기기의 발달로 이러닝^{E-learning}은 누구나 한번쯤 경험하는 학습의 형태로 자리 잡았으나, 대중화·보편화된 이면에는 여전히 면대면 교육의 보조, 보완의 위치로 존재하였다. 하지만 코로나바이러스 사태로 인해 원격수업이 전면 실행되고, 언택트 문화가 자리 잡으면서 이러닝은 더 이상 보조가 아닌 주인공으로서 많은 사람의 관심이 집중되었다. 그러나 아무리 테크놀로지가 발전하여 예전보다 사용자의 편의성이 높아졌다고 해도 온라인상의 의사소통은 대면 상황과 다른 한계점이 분명 존재한다. 우리는 갑작스레 맞이한 강제 원격교육으로 우왕좌왕하여 많은 어려움과 고민을 겪었다.

이 책은 원격교육과 이러닝의 질적 향상을 고민하는 예비·현직 교사, 교수 설계자, 이러닝 운영자, 평생교육 종사자를 대상으로 한다. 단순히 기술적인 지엽적 전략만 다루지 않고 이러닝과 원격교육 전반의 기초적 개념 및 이론을 쉽게 전달하고자 하였다. 또한 실제 이러닝이 개발·운영되는 과정에서 고려해야 할 다양한 요소에 관한 종합적 이해를 바탕으로 실무적인 역량의 개선을 도모하였다. 새로운 표준으로 자리 잡은 뉴노멀^{new normal} 시대의 원격교육과 이러닝의 최신 정보 및 자료를 반영하였다.

이 책은 크게 제1부 이론적 기초, 제2부 운영의 실제, 제3부 진로와 미래의 방향으로 구성되어 있다.

- '제1부 이론적 기초'에서는 원격교육의 정의와 개념 요소, 이러닝, 에듀테크 등 유사 용어와의 관계, 원격교육의 발전 과정, 원격교육의 이론, 이러닝의 의미와 발전, 이러닝의 장점과 단점, 이러닝의 유형을 살펴보았다.
- '제2부 운영의 실제'에서는 이러닝 학습자의 특성과 경험, 이러닝 교수자와 온라인 튜터의 역할, 이러닝 플랫폼의 기능과 에듀테크 도구의 특징, 이러닝 설계, 이러닝 콘텐츠의 개발 과정, 이러닝 운영 및 프로그램 평가에 대해 다루었다.
- '제3부 진로와 미래의 방향'에서는 학습 격차, 정보 격차, 디지털 리터러시, 저작권, CCL 등 이러닝과 원격교육의 쟁점과 이슈를 탐색하고, 이러닝의 산업 구조 및 현황과 관련 자격증을 소개하며 향후 미래 교육의 일환으로 이러닝의 발전 방향을 제시하였다.

끝으로, 이 책의 자료 조사 및 편집을 위해 도움을 준 한국교원대학교 대학원의 대학원생들(박다희, 유재민)에게 감사의 말을 전한다.

2021년 8월

이영주

차례

제1부 이론적 기초

제2부 운영의 실제

제3부 진로와 미래의 방향

이론적 기초

제1장

원격교육의 정의와 발전

이 장의 **초점 질문**

- 원격교육이란 무엇인가?
- 원격교육, 이러닝, 온라인 교육, 가상교육, 에듀테크는 동일한 용어인가?
- 원격교육은 언제부터 시작되었고, 어떻게 발전되어 왔는가?
- 원격교육의 교수-학습 현상을 설명한다면 어떤 모습일까?

1. 원격교육의 정의와 개념 요소

1) 원격교육이란 무엇인가?

원격교육이란 말을 한 번쯤은 들어 본 적이 있을 것이다. 특히 2020년 코로나바이러스의 전 세계적인 유행으로 우리의 삶과 학교는 큰 변화를 맞이하였고, 많은 학교가 반강제로 면대면 교실수업을 원격수업으로 대치할 수밖에 없었다. 덕분에 '원격교육' '원격수업'이란 용어를 보다 친숙하게 접할 수 있게 되었고 많은 사람이 원격교육을 경험할 수 있었다. 이 장에서는 우리가 막연하게 알고 있었던 원격교육의 정의를 살펴보고 정의에 포함된 개념적 요소를 밝혀 보면서 원격교육에 관한 이해를 돕고자 한다.

원격교육에 관한 학자들의 다양한 정의가 존재하나 그중 가장 폭넓게 수용되는 정의를 소개하고자 한다. 미국 교육공학회^{Association for} Educational Communications and Technology: AECT에서 발행한 단행본에 제시된 정의에 따르면 "원격교육은 학습자들이 분리되어 상호작용적 정보통신 시스템을 이용하여 학습자, 자원, 교수자를 연결하는 제도적 기반이 있는 정규 교육"을 의미한다(Schlosser & Simonson, 2009, p. 1). 이 정의는 2009년 브리태니커 백과사전^{encyclopedia Britannica}에도 등재되어 있다. 원격교육의 정의에 포함된 구성 요소를 도식화하면 [그림 1-1]과 같다.

그림 1-1 원격교육 개념과 4요소

출처: Simonson & Seepersaud (2019).

원격교육의 정의를 구성 요소별로 살펴보면, 첫째, 원격교육은 제도
적 기반[institutional-based]을 둔다. 원격교육은 기관을 통해 이루어진다. 즉,
혼자 하는 자습[self-study]이나, 비교육적 기관에서 발생하는 학습은 제외
된다. 이때 기관에서는 전통적인 면대면 교실 수업을 제공할 수도 있
고, 제공하지 않을 수도 있다. 기관을 통해 학력이 인증되는 제도가
있다.

둘째, 원격교육에서 지리적 분리[geographic separation]는 필연적이다. 이는
교수자와 학습자의 시간과 공간의 분리를 수반한다. 분리된 환경이지

만 언제 어디서든 학습이 이루어질 수 있다는 접근성과 편리성은 중요한 역할을 한다. 분리된 환경으로 다양한 문화, 사회, 배경을 지닌 학습자들이 함께 교육받을 수 있다는 장점을 잘 활용하는 것이 원격교육에서 중요하다.

셋째, 분리된 교수자와 학습자는 상호작용적 정보통신interactive telecommunications을 통해 연결된다. 연결의 매개는 이메일, 우편, 전화, SNS 등 다양한 형태를 포함하며 의사소통 시스템이 정교화되고 발달될수록 물리적 접근성의 한계를 넘어 교수자, 학습자, 수업 자료의 연결이 보다 원활해진다.

넷째, 원격교육은 텍스트, 비디오, 오디오, 이미지 데이터 등 교수-학습 자료의 공유sharing of data, voice, video가 이루어진다. 원격교육은 교수자, 학습자, 교수-학습 자료와 상호작용하며 이를 통한 학습 경험이 창출된다.

미국 교육부의 '교육 연구와 개선' 부서office of educational research and improvement의 정의에 따르면, 원격교육이란 정보통신기술과 전자 기기를 활용하여 공간상 다른 장소에 있는 학생들이 수업을 받을 수 있는 것이다. 학습자는 교수자와 교육 프로그램과 직접적으로 상호작용하며 정기적으로 교수자와 만날 수 있다.

개리슨과 쉐일(Garrison & Shale, 1987)은 원격교육의 특징을 나타내는 세 가지 요소와 기준으로, 첫째, 교수자와 학생들의 의사소통의 대부분이 인접하지 않은 채 발생한다. 둘째, 교수자와 학생들의 쌍방향 의사소통의 복적이 교수-학습 과정을 지원하고 촉진하는 것이다. 셋째, 필수적 쌍방향 의사소통을 테크놀로지가 매개한다.

종합해 보면, 원격교육에서 가장 중요한 개념 요소는 교수자와 학습자의 공간의 분리이다. 시간적으로는 비동시적인 경우가 더 많지만, 때로는 동시적(실시간)일 수도 있다. 그리고 분리로 인한 고립성을 연결하는 매개체로 인터넷 기반 통신기술, 다양한 테크놀로지가 활용된다. 즉, 분리된 공간의 의사소통을 테크놀로지로 연결하여 교육 활동이 이루어지는 것을 원격교육이라 요약할 수 있다.

2) 원격교육, 이러닝, 온라인 교육, 가상교육, 에듀테크는 동일한 용어인가?

원격교육과 유사한 용어로 이러닝$^{e-learning}$, 가상교육$^{virtual\ education}$, 온라인 학습/교육$^{online\ learning/education}$이 통용되고 있다. 시몬슨, 스말디노와 즈바체크(Simonson, Smaldino, & Zvacek, 2015)는 이러닝, 가상교육, 온라인 교육을 다음과 같은 차이점으로 구별하였다. 이러닝은 공교육이 아닌 민간 교육 분야의 원격교육, 특히 기업 교육, 훈련의 맥락에서 사용된다. 가상교육은 초 · 중등 교육$^{K-12}$의 원격교육에서 사용되며 온라인 교육은 대학 등 고등 교육 분야에서 사용된다고 설명하였다. 시몬슨과 동료들에 따르면, 이러닝, 가상교육, 온라인 교육은 크게 보면 원격교육에 포함되며 특정 집단과 분야에서 주로 사용되는 특징에 따라 구분하였다.

그러나 해외의 교육 환경과 국내의 교육 환경 차이로 인해 원격교육의 유사어의 구분은 문화적으로 다르게 인식될 수 있다. 국내 교육 맥락을 고려한 원격교육과 유사어의 관계에 대해 [그림 1-2]로 도식화할 수 있다.

원격교육은 우편, 인터넷 매체 등의 폭넓은 미디어를 사용하는 역사

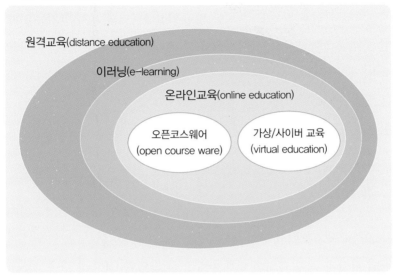

에듀테크(edu-tech)

원격교육(distance education)

이러닝(e-learning)

온라인교육(online education)

오픈코스웨어
(open course ware)

가상/사이버 교육
(virtual education)

그림 1-2   원격교육과 유사어 관계

적 전통성을 고려할 때, 이러닝, 온라인, 가상 교육, 오픈 코스 등을 포
함한다고 여겨진다. 온라인 교육과 이러닝은 인터넷 통신을 활용한다
는 측면에서 공통점이 있으나, 산업과 기업 분야에서 시작된 이러닝
인터넷 강의(인강)의 대중화로 아리닝 산업이 성장하면서 이제는 이러
닝 용어가 보다 보편화되었다. 특히 우리나라의 원격교육은 정규 면대
면 학교 교육을 보완하는 보조적인 역할로 인식되어 왔으며 온라인 교
육은 오프라인 대면 수업과 병행되는 상황에서 구분되기 위해 사용하
는 경향이 있다. 예를 들면, 거꾸로 수업, 플립 러닝[flipped leanrning]과 같이
온라인과 오프라인의 혼합 형태인 블렌디드 교육[blended instruction]에서 많
이 사용된다.

가상교육은 현실 공간과 구분되는 사이버 공간, 가상현실[Virtual Reality]

을 강조하는 표현으로 사이버교육과 혼용되어 사용된다. 우리나라에서는 학사학위를 취득할 수 있는 방송통신대학교와 유사한 기능을 지닌 사이버대학교에서 '사이버교육'의 용어가 사용되고 있다. 가상교육은 가상현실^{VR}, 증강현실$^{Augmented\ Reality:\ AR}$ 기술을 적용한 이러닝 콘텐츠를 개발하여 학습자의 몰입을 높여 실습 분야, 체험활동 영역에 활용하고 있다. 한편, 대학교에서 실제 이루어지는 강의 자료를 무료로 공유하는 오픈코스웨어$^{Open\ Course\ Ware:\ OCW}$가 있다. 미국의 MIT나 하버드 등 명문대학에서 처음 시작되었고, 우리나라에서는 KOCW$^{Korea\ Open\ Course\ Ware}$(http://www.kocw.net)를 운영하고 있다. 오픈코스웨어는 고등교육기관에서 강의 동영상 및 수업 자료를 무료로 제공하여 지식의 확산과 교육 기회의 확대를 도모하고 있다. 해외의 경우, Open University는 개방대학으로 번역되며 우리나라에서는 한국방송통신대학교의 영문명 'Korea National Open University'에도 사용하고 있다. 이는 평생학습 고등기관으로 원격교육기관으로 인식된다. 가상교육, 사이버교육, 오픈코스웨어는 이러닝, 온라인 교육에서 특정 집단이나 분야에 제한적으로 사용되는 경향이 있어 온라인 교육의 하위로 [그림 1–2]에서 용어 간의 관계성을 제시하였다.

최근에는 이러닝보다 더 광범위한 용어로 '에듀테크$^{edu-tech}$'가 확산되고 있다. 에듀테크는 교육^{education}과 기술^{technology}의 합성어로 기존의 이러닝이 인터넷 강의에 제한적으로 해석되는 한계를 극복하여 새로운 학습 경험을 제공하고자 제안되었다. 특히 영상기술, 인공지능$^{Artificial\ Intelligence:\ AI}$, VR/AR, 사물인터넷$^{Internet\ of\ Things:\ IoT}$, 3D프린터, 로봇, 드론, 웨어러블 기기$^{Wearable\ device}$ 등 다양한 첨단 기술이 융합되어 맞춤형 학습을 지향한다.

2. 원격교육의 발전 과정

1) 원격교육은 언제부터 시작되었고, 어떻게 발전되어 왔는가?

(1) 1세대 우편통신 활용 원격교육

원격교육의 역사는 180년 정도인데, 의외로 오랜 역사와 전통에 놀라는 사람들도 있을 것이다. 원격교육의 시초는 우편통신을 활용한 개별화 학습이다. 구체적으로 영미 지역의 우편통신 원격교육의 구체적인 역사적 사례를 살펴보면 다음과 같다(Simonson et al., 2015). 1840년 영국에서 우편을 통한 속기(速記) 교습이 시작되었다. 그 당시 우편은 철도산업의 발달을 통해 싸고 안전한 운송 수단이 되었다. 1870년대 미국에서는 우편을 통해 여성들에게 고전 교육을 월간으로 진행되었고 교육 자료로 안내된 읽기 자료와 시험이 제공되었다. 1900년대에 영국과 미국에서는 우편통신을 통한 학위과정으로 학사, 석사, 박사 과정까지 개설되고 운영될 정도로 전성기를 맞이하였다. 1920년대 우편통신 활용 원격교육은 성인 대상에서 고등학생까지 확대되었다. 고등학생들을 위한 우편 원격 강좌가 개설되었고, 이를 통한 직업교육도 시행되었다.

(2) 2세대 대중매체 활용 원격교육

1900년대 20세기 초에 가장 신기술은 라디오였다. 미국의 대학뿐만 아니라 초 · 중등 교육에서도 라디오 방송을 이용한 원격교육이 시행되었다. 1950년부터 1970년대까지 미국은 교육용 방송국이 150여 개

운영되었다. 원격교육의 대표 기관으로 평가받고 있는 영국의 개방대
학교^Open University가 1969년에 설립되었고 인쇄 매체와 더불어 라디오 청
각 매체를 보조로 함께 사용하였다. 우리나라는 1951년 한국전쟁 중
교사를 대상으로 '라디오학교'가 시작되어 라디오를 통한 원격교육방
송이 실시되었다. 1969년에는 텔레비전을 활용한 'TV학교방송'이 시
작되었다. 1974년 원격교육을 통한 고교 교육을 위해 '방송통신고등학
교'가 개교하였고 현재까지 운영되고 있다. 요약하면, 1950, 1960년대
원격교육은 라디오, 텔레비전을 활용한 대중교육, 공급자 중심 교육으
로 실시되었다.

출처: https://www.cyber.hs.kr/user/indexSSL.do

(3) 3세대 정보통신기술 활용 원격교육

1980년대부터 개인용 컴퓨터가 보급되었고 정보통신기술의 발달로 원격교육의 큰 변화가 나타났다. 미국에서는 텔레콘퍼런스^{teleconference1)}를 이용한 원격교육이 적용되었다. 기존의 우편통신이나 방송매체를 이용한 원격교육에서는 교수자와 학습자의 1:1 교류 혹은 대중매체의 일방적 수신만 가능했다면 전화, 비디오를 이용한 텔레콘퍼런스를 활용하면서 질의응답 등 쌍방향 의사소통이 가능해졌다. 학교 교육에서 다수의 학생을 담당하는 교사가 개별화 지도를 하기는 현실적으로 어려웠다. 개인용 컴퓨터의 보급은 컴퓨터보조학습^{Computer Aided Instruction: CAI}을 통해 수학 문제 풀기, 단어 연습 등 교사를 지원하는 역할을 담당하였다.

(4) 4세대 인터넷 활용 원격교육

1990년대 월드 와이드 웹^{world wide web}의 탄생은 다른 장소의 컴퓨터들 간의 연결을 가능하게 하였고, 인터넷으로 연결된 컴퓨터를 통해 정보를 공유할 수 있는 네트워크 기술이 발달하였다. 인터넷 연결망은 학습자 간 교류가 더욱 활발하게 하였고 온라인 커뮤니티 등 자발적 공동체의 정보 교류가 이루어졌다. 인터넷 활용 원격교육은 수요자 중심, 학습자 중심 교육 패러다임으로 전환하는 사회적 변화 시기에 적절한 온라인 교육 환경을 제공하였다. 이 시기의 원격교육은 전자메일, 게시판 등을 통한 교수학습 자료 공유, 질의응답이 이루어져 상호

---

1) 텔레콘퍼런스는 카메라, 컴퓨터 등 정보통신 장비를 통해 다른 장소에 있는 사람들과 회의를 하는 것을 말한다.

작용이 보다 다양화될 수 있었다. 1990년대 중반부터 대기업을 중심으로 웹을 활용한 교육훈련인 웹기반훈련^{web-based training}이 도입되었고 이러닝이 시작되었다.

(5) 5세대 모바일 활용 원격교육

2000년대를 넘어서며 국내에서는 사이버대학교 설립, 초 · 중등 사이버 가정학습이 실행되었고, 이러닝은 기업, 공공기관, 민간으로 성장하는 전성기를 맞이하였다. 통신기술의 발달로 접속 장애가 줄어들고 무선 인터넷의 발달로 언제 어디서나 학습할 수 있는 유비쿼터스^{ubiquitous} 시대가 열리게 되었다. 이에 따라 원격교육은 데스크톱 PC 중심에서 벗어나 태블릿, 핸드폰 등 다양한 모바일 기기가 사용되었으며, 공교육에서는 스마트교육, 디지털교과서 사업을 통하여 모바일 기기를 활용한 수업이 시도되었다.

(6) 6세대 에듀테크 활용 원격교육

2010년 이후 4차 산업혁명 시대를 맞이하게 되었다. 4차 산업혁명^{Fourth Industrial Revolution: 4IR}은 2016년 세계 경제 포럼^{World Economic Forum: WEF}에서 클라우스 슈바프^{Klaus Schwab} 의장이 제안하였다. 한편, 2016년 이세돌 프로와 구글 알파고의 바둑 대결에서 인공지능 알파고가 4:1로 우승한 사건은 전 세계를 충격에 빠지게 하였다. 우리 사회는 18세기 산업혁명과 20세기 정보화혁명에 이어 21세기의 창조혁명으로 변화되고 있다([그림 1-3] 참조). 4차 산업혁명은 빅데이터, 인공지능, 로봇공학, 가상현실^{VR}, 증강현실^{AR}, 사물인터넷^{IoT}의 정보통신기술의 융합을 통해 초연결주의 시대를 열게 하였다([그림 1-4] [그림 1-5] 참조). 원격교육도 인

그림 1-3   사회의 발달과 변화

그림 1-4   4차 산업혁명으로 변화과정

출처: https://brunch.co.kr/@eduinus/28

터넷 강의 중심의 이러닝에서 에듀테크로의 전환이 이루어지고 있다. 2020년대 MZ^Millennials and Generation Z 세대들은 디지털 환경에 익숙한 디지털 원주민^digital native 으로 TV보다는 유튜브^YouTube, 넷플릭스^Netflix 등 원하는 콘텐츠를 먼저 찾아 주고, 즉시 즐길 수 있는 OTT^Over The Top 스트리밍 서비스를 선호하며 시장의 새로운 트렌드를 주도하고 있다. 원격

교육 콘텐츠도 짧고 간결한 콘텐츠 제작을 활용한 마이크로러닝^{micro-}
learning이 새롭게 도입되었다.

표 1-1   원격교육 시기별 변화와 특징

구분		시기	주요 매체	시대 및 특징
1세대	우편통신 활용 원격교육	19세기 말	우편통신	개별화 학습
2세대	대중매체 활용 원격교육	1960년대	라디오, 텔레비전	산업화, 대중교육, 공급자 중심 교육
3세대	정보통신기술 활용 원격교육	1980년대 중반 이후	전화, 비디오, 컴퓨터	정보사회, 컴퓨터보조수업 (Computer Aided Instruction: CAI)
4세대	인터넷 활용 원격교육	1990년대 중반 이후	인터넷	지식기반 사회, 온라인 커뮤니티, 수요자, 학습자중심 교육, 이러닝 성장
5세대	모바일 활용 원격교육	2000년대 중반 이후	무선인터넷, 노트북, 태블릿, 휴대폰	유러닝 (ubiquitous learning), 스마트교육, 디지털교과서
6세대	에듀테크 활용 원격교육	2010년 이후	에듀테크기술	4차 산업혁명, 빅데이터, 인공지능(AI), 가상현실(VR), 증강현실(AR) 적용, 마이크로러닝 (micro-learning)

	정보화사회	모바일사회	초연결사회
수단	컴퓨터	스마트폰	초연결 네트워크
패러다임	디지털화, 전산화	온라인화, 소셜화	지능화, 사물정보화
시스템 (유통, 교육, 공공)	오프라인 (물리적 공간)	온라인(가상공간)	오프라인과 온라인 융합
통신	유선전화	무선전화(3G, LTE)	무선전화(5G)
커뮤니케이션	우편	E-mail	SNS
교통	내연기관	그린카, 내비게이션	ITS, 자율주행차

그림 1-5 　초연결사회 특징

출처: https://www.econovill.com/news/articleView.html?-idxno=307947

3. 원격교육의 이론

　이론은 현상을 설명하는 일련의 원칙들이다. 원격교육이론을 통해 원격교육이 다른 교육과 어떻게 구분되는지 알 수 있고, 원격교육을 보다 깊게 이해할 수 있다. 이 책에서는 원격교육이론으로 일반적으로 널리 인용되는 이론으로, ① 독립적 학습 이론theory of independent study, ② 수업의 산업화 이론theory of industrialization of teaching, ③ 교류 간격 이론theory of transactional distance, ④ 상호작용과 의사소통 이론theory of interaction and communication 을 소개하고자 한다. 이론에 따라 원격교육의 강조점이 조금씩 다르며 관점에 따라 원격교육의 운영과 실제에서 어떤 부분에 강조점을 둘 수 있는지 판단할 수 있는 근거가 될 수 있다.

1) 독립적 학습 이론: 웨드마이어

찰스 웨드마이어^{Charles Wedemeyer}에게 원격교육의 본질은 학생의 독립성이다. 학습자가 편리한 환경에서 학습이 발생하며, 수업은 개별화된다. 학습의 시작, 진도, 멈춤에 관해 학습자 주도와 책임을 강조하였다. 웨드마이어는 원격교육 시스템의 열 가지 특징을 다음과 같이 제시하였다(Wedemeyer, 1981).

- 교사가 학생과 같은 장소와 시간에 있지 않더라도 학생이 한 명이라도 있는 곳이면 어디든지 작동할 수 있다.
- 학습에 대한 더 많은 책임을 학생에게 부여한다.
- 교수자에게 행정, 관리적 일로부터 해방하여 더 많은 시간을 교육적 본업에 투자할 수 있도록 해야 한다.
- 학생들에게 강좌 선택, 수업 방법 및 형식에 관한 보다 폭넓은 선택과 기회를 제공해야 한다.
- 효과적으로 입증된 수업 매체와 방법을 적절하게 사용해야 한다.
- 과목과 단원에 적합한 매체와 방법을 혼합해야 한다.
- 강좌 재설계와 개발을 통해 프로그램을 명료하게 한다.
- 학생 개인차를 고려한 활동을 보존하고 향상시킨다.
- 학생의 성과를 장소, 비율, 방법, 순서와 관련된 장벽으로 평가하지 말고 단순하게 평가해야 한다.
- 학생이 자신의 페이스^{pace}로 학습을 시작, 중단할 수 있도록 허용해야 한다.

2) 수업의 산업화 이론: 피터스

독일의 오토 피터스^{Otto Peters}는 원격교육을 산업화된 교수-학습 형태로 보는 관점을 제안하였다. 원격교육이 성공적일 수 있었던 이유는 수업의 전달이 산업화 기법^{industrial techniques}을 적용하였기 때문이라고 주장하였다. 산업화 기법에는 체계적 기획, 인력 세분화, 대량 생산, 자동화, 표준화, 질 관리, 최신 의사소통 테크놀로지 사용을 포함한다 (Peters, 1988). 원격교육의 효과성은 계획과 조직에 달려 있으며 과정 단계별로 미리 결정하여 형식화^{formalization}하고, 학생들의 기대 수준은 표준화^{standardization}되어야 한다. 또한 이용 가능한 자원의 집중과 중앙집권화된 행정은 경제적일 수 있음을 강조하였다.

3) 교류 간격 이론: 무어

원격교육은 교수자와 학습자가 분리된 상황의 거리가 존재한다. 그러나 거리(간격)는 반드시 지리적 고립으로 인한 것만을 의미하지 않는다. 교류 간격은 원격교육 상황에서 학습자가 느끼는 심리적 간격이라고 볼 수 있다. 교류 간격은 '있다' '없다'로 이분법적 구분되기보다는 '더 멀리 있다' '더 가까이 있다'로 표현할 수 있는 연속성을 지닌다.

마이클 무어^{Michael Moore}는 교류 간격에 영향을 주는 주요 변수로는 대화^{dialogue}와 구조^{structure}가 있다고 하였다(Moore, 1972). 대화는 교수자와 학습자 간 언어적, 행동적 상호작용을 말한다. 대화의 정도나 성격은 학습자 집단의 크기와 수에 영향을 받는다. 또한 대화는 의사소통 매체의 유형에 따라서도 달라진다. 예를 들어, 라디오나 텔레비전은 정

보의 전달이 일방향이지만 이메일은 양방향이다. 그러나 이메일은 비
실시간으로 상호작용이 가능하다. 한편, 전화나 화상회의는 실시간 교
류가 가능하다. 이렇게 매체가 갖는 고유한 특성은 대화의 질과 형태
에 영향을 준다.

　구조는 강좌의 교수 설계 구조를 의미하며 학습 순서, 과제, 속도 등
학습자의 자율성을 얼마나 부여하여 설계했는가에 따라 구조화 정도
를 나타낼 수 있다. 예를 들어, 전통적인 교육TV 프로그램은 매우 구
조화 highly structured 되었다고 볼 수 있다. 교수자의 모든 행동과 시간은 스
크립트로 계획되고 실행되며, 학습 내용도 사전에 정해진다. 강의가
진행되면 학습자의 요구에 따라 탄력적으로 수정할 수 있는 여지가 거
의 없다. 요약하면, 구조란 교육 목표, 수업 방법, 평가 방법에 관한 융
통성과 경직성의 정도이며, 판단 기준은 강좌에서 얼마나 학습자의 요
구를 수용하고 반응할 수 있는지로 평가할 수 있다. 대화 수준이 높고
강좌의 구조 수준이 낮을수록 학습자는 교류 간격이 작다고 느끼기 쉽
고, 대화 수준이 낮고, 구조 수준이 높을수록 교류 간격이 크다고 할
수 있다. [그림 1-6]은 대화와 구조에 따른 교류 간격의 증가 변화를
그래프로 도식화한 것이다.

　교류 간격은 반드시 부정적 의미를 제시하는 것이 아니다. 원격교육
의 형태는 다양한 교류 간격의 측면으로 원격교육의 고유한 특성을 새
롭게 조망해 볼 수 있다(이동주, 임철일, 임정훈, 2009). 교류 간격이 큰
원격교육 형태에서는 학습자에게 요구되는 자율성과 책임감이 크다
는 것을 인식하는 것이 필요하다.

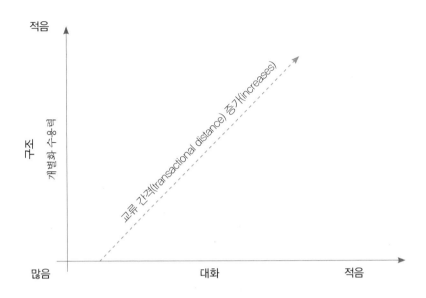

그림 1-6 대화와 구조에 따른 교류 간격의 변화

출처: Moore (2018).

4) 상호작용과 의사소통 이론: 홈버그

홈버그[B. Holmberg]는 원격교육은 '안내된 교훈적 대화[guided didadic conversation]'라고 정의하였다. 홈버그는 원격교육에서 학습자의 동기, 즐거움이 중요하며 상호작용과 의사소통 이론의 기본 가정으로 다음 일곱 가지를 제시하였다(Holmberg, 1986).

- 수업의 핵심은 가르치는 사람과 배우는 사람 사이의 상호작용이다.
- 학습에 대해서 감정적으로 참여하는 것과 가르침과 배움 사이에서 개인적 관련성을 느끼는 것이 학습의 즐거움에 크게 기여한다.
- 학습 즐거움은 학생의 동기를 북돋는다.
- 학습에 관한 의사결정에 참여하는 것은 학생의 동기를 북돋는다.
- 학생의 높은 학습 동기는 배움을 촉진시킨다.
- 친절하고 인간적인 어조와 주제에 대한 쉬운 접근성은 학습의 즐거움에 기여하고, 학습자의 동기를 지원하며 배움을 촉진시킨다.
- 교수의 효과성은 학생들에게 가르친 것들에 대해 학생들이 배운 것에 의해서 입증된다.

원격교육이 효과적이기 위해서는 학습자와 원격교육 기관 사이에 라포[rapport]를 잘 형성하여 학습자가 교육 내용에 접근을 쉽게 하도록 만들고, 학습자들이 활동, 토론, 결정에 관여하도록 하여 풍부한 의사소통을 충족시킬 때 이루어질 수 있다. 홈버그의 상호작용, 의사소통이론에 따른 원격교육의 특징은 교재에 대한 용이한 접근, 대화하는 듯한 구어체 활용, 학습자에게 명확한 안내, 의견교환과 질문 촉진, 학습자의 감성적 참여 독려로 정리할 수 있다(이동주 외, 2009).

핵심 요약

- **원격교육**은 정보통신 시스템을 이용하여 학습자, 자원, 교수자를 연결하는 제도적 기반이 있는 정규교육을 의미함. **원격교육**은 기관을 통해 학력이 인증되는 제도적 기반 위에 있고, 교수자와 학습자가 지리적으로 분리되어 상호작용적 정보통신 시스템을 통해 연결되며 텍스트, 비디오, 오디오, 이미지 데이터 등 교수–학습 자료의 공유가 이루어짐.

- 원격교육과 유사한 용어로 이러닝, 가상교육, 온라인 교육, 에듀테크가 통용됨. **이러닝**은 공교육이 아닌 민간 교육 분야의 원격교육에서 주로 사용됨. **가상교육**은 현실 공간과 구분되는 사이버 공간, 가상현실을 강조하는 표현으로 사이버교육과 혼용되어 사용됨. **온라인 교육**은 오프라인 대면 수업과 병행되는 상황에서 구분되기 위해 사용되는 경향이 있음. 최근 보다 포괄적이고 광범위한 개념으로 교육과 기술의 합성어인 '에듀테크'가 사용됨. 에듀테크는 다양한 첨단 기술이 융합되어 맞춤형 학습을 지향함.

- **원격교육의 발전 과정**은 19세기 말 우편통신을 활용한 개별화 학습에서 시작되어 1960년대 라디오, 텔레비전을 활용한 공급자 중심의 원격교육으로 발전함. 1980년대 개인용 컴퓨터의 보급과 정보통신기술의 발달이 이루어지고 1990년대 인터넷을 활용한 원격교육으로 온라인 커뮤니티 발달, 학습자 중심으로 패러다임의 전환이 이루어짐. 2000년대 모바일을 활용한 이러닝이 활성화되고 2010년 이후 4차 산업혁명시대 에듀테크를 활용한 원격교육으로 발전하고 있음.

- **원격교육의 이론**으로는, ① **독립적 학습 이론**, ② **산업화 이론**, ③ **교류 간격 이론**, ④ **상호작용과 의사소통 이론**이 있음.

- **독립적 학습 이론**이란, 원격교육의 본질은 학생의 독립성에 있으며, 학습은 학습자가 편리한 환경에서 발생할 수 있으므로, 원격교육에서의 학습자 주도와 책임을 강조한 이론임.

- **산업화 이론**에서는 원격교육을 산업화된 교수–학습 형태로 보고 계획과 조직 및 단계별 형식화와 학생 기대수준의 표준화를 강조한 이론임.

- **교류 간격 이론**에서 교류 간격은 원격교육 상황에서 학습자가 느끼는 심리적 간격 거리임. 교류 간격은 대화와 구조의 수준에 영향을 받음. 구조는 학습자의 요구를 얼마나 수용 및 반응할 수 있는지로 평가할 수 있으며, 대화 수준이 높고 강좌의 구조 수준이 낮을수록 교류 간격을 작다고 느끼고 대화 수준이 낮고 구조 수준이 높을수록 교류 간격이 크다고 느낌.

- **상호작용과 의사소통 이론**에 따르면 원격교육은 안내된 교훈적 대화이며, 원격교육이 효과적이기 위해서는 학습자와 원격교육 기관 사이의 라포를 형성하는 것과 학습자들이 활동, 토론, 결정에 관여하여 풍부한 의사소통을 충족시킬 때 이루어질 수 있음.

도움이 되는 온라인 자료

- 원격교육의 발달(케이스터디한국원격평생교육원) https://youtu.be/Ysyxp I5YjCM.

- 원격교육이론(케이스터디한국원격평생교육원) https://youtu.be/dyprmF_ ifyk.

- 원격교육이론(케이스터디한국원격평생교육원) https://youtu.be/Q_8y GCWlzjk.

- 이러닝, 원격교육, 웹 기반 교육(Educational Technology) https://youtu. be/pNVJ0QnPODc.

- History of Distance Learning(Catherine Ready) https://youtu.be/ twvKD9Mr-KE0.

- Teaching and Learning at a Distance-Five themes in the Book https:// vimeo.com/76984144.

제2장

이러닝의 의미와 특징

이 장의 **초점 질문**

- 이러닝(e-learning)의 의미는 무엇인가?

- 웹은 어떻게 진화되었고 앞으로 어떤 모습으로 발전할 것인가?

- 이러닝은 어떤 점이 좋고 어떤 점이 어려운가?

- 이러닝 유형은 어떤 것이 있는가?

1. 이러닝의 의미와 발전

1) 이러닝의 의미는 무엇인가?

이러닝$^{e-learning}$은 학문적 개념화와 합의를 통해 용어가 일반화되었다기보다는 사회적 변화, 산업 환경의 변화로 이러닝이 보편화되면서 용어가 대중화되었다. 인터넷과 웹이 교육 목적으로 활용되는 1990년대 학계에서는 웹기반교육$^{web-based instruction}$, 웹기반학습$^{web-based learning}$, 웹기반훈련$^{web-based training}$, ICT활용교육, 인터넷활용교육이 이러닝보다 더 많이 사용되었다. 그러나 2000년대 이후 이러닝 산업이 발달되면서 '이러닝'이란 용어가 보다 대중적으로 널리 사용되었다.

이러닝은 'electronic-learning'으로 직역하면 전자기술을 활용한 학습을 의미한다. 〈표 2-1〉에 제시된 학자들의 다양한 이러닝의 정의를 살펴보면 공통적으로 '인터넷' '웹'을 사용하는 교육 활동임을 알 수 있다. 이러닝의 사전적 의미를 넘어 이러닝의 장점과 특성을 강조하여 ① 학습 경험^{experience} 제공, ② 학습 기회의 확장^{extension}, ③ 학습 공간의 확대^{expansion}로 정의하기도 한다. 이러닝은 전통적인 면대면 학교 교육에서 경험하지 못한 학습자 자율성, 주도성을 확보하는 학습 경험의 기회를 제공하며, 직장인, 주부, 노인 등 모든 계층에게 교육 형평성과 학습 선택권을 보장하며, 인터넷이 가능한 곳이면 어떤 장소에서든 학

표 2-1   이러닝의 정의

학자(출처)	이러닝의 정의
호턴 (Horton, 2001)	교육경험을 제공하기 위해 인터넷과 디지털 기술을 이용하는 것
로젠버그 (Rosenberg, 2001)	지식과 성과를 향상시키는 다양한 종류의 해결책을 전달하기 위한 목적으로 인터넷 기술을 이용하는 것
칸(Khan, 1997)	하이퍼미디어 기반의 웹의 특성과 자원을 활용하는 교수 프로그램
나일주(1999)	웹이 제공하는 풍부한 정보와 통합적 환경을 활용하여 이루어지는 원격교육의 일종

그림 2-1   에듀테크 의미

출처: https://1boon.kakao.com/kcie/5f6af49edcc0bf262ddfa42
https://m.post.naver.com/viewer/postView.nhn?volumeNo=16646588&memberNo=24960905

습이 가능한 확대된 학습 공간의 특징을 지니고 있다.

최근 이러닝은 광범위하고 포괄적인 의미인 에듀테크[edutech]로 확대되고 있다. 기존의 이러닝이 콘텐츠 전달, 강의에 집중한 모델로 발전되었다면, 에듀테크는 영상기술, 인공지능, 빅데이터, 가상현실, 사물인터넷 등 4차 산업혁명 기술을 적용하여 학습 과정과 맞춤형 학습 지원을 강조하고 있다(홍정민, 2017).

2) 웹은 어떻게 진화되었고 앞으로 어떤 모습으로 발전할 것인가?

이러닝 환경에서 우리는 온라인상의 다양한 정보에 접속하고 그 정보를 공유한다. 월드 와이드 웹[world wide web], 간단히 줄여서 웹은 인터넷에 연결된 컴퓨터들을 통해 정보를 공유할 수 있는 공간을 말한다. 이러닝은 웹 서비스의 기술적 진화에 따라 교수-학습의 형태가 영향을 받을 수밖에 없다. 다음은 웹의 변화를 웹 1.0에서 4.0까지 4단계로 시기별로 나누어 살펴보았다.

(1) 웹 1.0(1990~2000년대)

1990년에서 2000년대까지의 웹 1.0시대는 '읽기 웹'시대라고 불리며, 전문가가 정보를 결정하여 사용자에게 전달하며 사용자는 정보를 읽는 것만 가능하였다. 웹 1.0시대에는 텍스트와 링크가 주된 형태였고 오디오, 동영상의 멀티미디어 사용은 제한적이었다(유해림, 송인국, 2010).

(2) 웹 2.0(2000~2010년대)

2000년에서 2010년대까지의 웹 2.0시대는 사용자가 정보를 생성할 수 있는 '쓰기 웹'시대가 도래한다. 웹 2.0의 핵심적인 특징으로, ① 참여participation, ② 공유shareness, ③ 개방openness, ④ 협력collaboration이 있다. 모든 사용자는 콘텐츠 제작자가 될 수 있어 참여중심의 인터넷 환경이 조성된다. 사용자들이 창출한 정보를 공유하는 공간을 서비스로 제공한다. 웹 2.0의 대표적인 예는 유튜브YouTube, 페이스북Facebook, 트위터Twitter, 위키피디아Wikipedia, 블로그Blogs 등이 해당된다. 다수의 인터넷 사용자들이 참여하여 창출한 지식과 정보의 집합체로 집단지성을 발휘한다. 대표적인 예로 구글Google, 네이버Naver, 아마존Amazon 등이 이에 해당된다.

(3) 웹 3.0(2010~2020년대)

2010년에서 2020년대는 웹 3.0, 시맨틱 웹semantic web, 지능형 맞춤형 웹의 시대라고 불린다. 데이터에 기반한 인공지능과 기계학습machine learning을 통해 사용자의 요구에 맞는 콘텐츠를 분석하여 개별 맞춤형 서비스를 제공한다.

(4) 웹 4.0(2020~2030년대)

웹 4.0에 관해 아직까지 명확한 정의는 없으나, 공생 웹symbiotic web으로 인간과 기계 사이의 공생적 상호작용에 주목하고 있다. 즉, 인간과 기계의 경계가 사라지며 컴퓨터가 사람이 되는 시대라고 말한다. 컴퓨터가 사람의 언어를 이해할 수 있고, 언제 어디서나 웹과 연결되는 세상으로 웹 4.0에서는 마인드 컨트롤이 되는 인터페이스interface가 현실화될 수 있다(Aghaei, Nematbakhas, & Farsani, 2012).

표 2-2 웹의 진화와 특징

구분	웹 1.0	웹 2.0	웹 3.0	웹 4.0
시기	1999~ 2000년대	2000~ 2010년대	2010~ 2020년대	2020~ 2030년대
기술	읽기 웹	쓰기 웹	지능형 웹	공생 웹
특징	전문가 중심	사용자 참여	개인 맞춤형	인간과 기계공생
키워드	접속(access)	참여와 공유	상황인식(context)	연결(always-on)

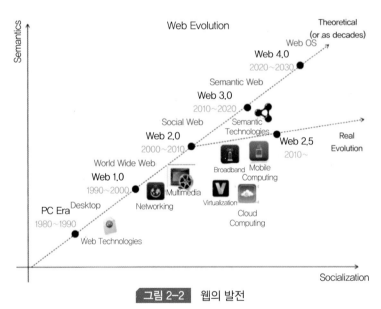

그림 2-2   웹의 발전

출처: https://m.blog.naver.com/PostView.nhn?blogId=potoi&logNo=120203357533&proxyR
eferer=https:%2F%2Fwww.google.com%2F

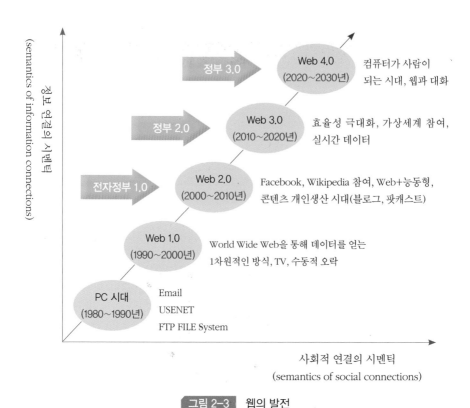

출처: https://medium.com/@vivekmadurai/web-evolution-from-1-0-to-3-0-e84f2c06739.
        data: Radar networks & Nova Spivack

그림 2-3   웹의 발전

2. 이러닝의 장점과 단점

모든 방법에는 장점과 단점이 동시에 존재한다. 면대면 교육은 고유
의 장점과 단점이 있고, 이러닝 역시 장점과 단점이 동전의 양면처럼
함께 있다. 이러닝을 기획, 운영하고 서비스를 제공하는 관점에서 이
러닝을 하면 좋은 점과 어려운 점에 대해 다음과 같이 정리하였다.

1) 이러닝은 어떤 좋은 점이 있는가?

(1) 이러닝은 접근이 용이하다

이러닝의 가장 큰 장점은 언제, 어디서나 인터넷만 있으면 학습이 가능하다는 점이다. 시간과 공간의 제약을 넘을 수 있다는 장점은 학습자에게 이동 시간과 비용을 절약할 수 있게 한다. 접근의 용이성은 학습자의 수와 범위를 크게 넓힐 수 있어 이러닝 서비스를 제공하는 측면에서 수익성을 높일 수 있는 기회가 된다.

(2) 이러닝은 개별 학습(self-paced)이 가능하다

학습자가 원하는 페이스^{pace}로 학습 속도를 조절할 수 있다. 중간에 멈추었다가 다음에 이어서 학습할 수도 있고, 잘 이해가 되지 않는 부분은 반복 시청할 수도 있다. 면대면 교실 수업과 비교할 때 학습자 개인의 학습 속도 조절에 관한 학습자 통제권$^{learner's\ control}$이 더 크다.

(3) 이러닝은 적시 교육(just-in-time training)이 가능하다

면대면 연수나 훈련의 경우, 근무 시간 외에 별도로 행하는 데 반해, 온라인 연수나 훈련의 경우 업무를 하면서 즉각적인 교육이 가능하다. 기업에서 면대면 훈련 시에 직무 수행을 할 수 없는 기회비용까지 고려하면 적시교육을 할 수 있는 이러닝은 효율성 측면에서 매력적이다.

(4) 이러닝은 비용 효과적이다

이러닝은 교실, 책상, 칠판 등 물리적 공간과 가구가 없어도 가능하므로 교육활동을 위한 공간의 건축, 운영을 위한 인력 등 비용 및 예산을 절감할 수 있다.

(5) 이러닝은 다양한 상호작용이 가능하다

이러닝은 동시적, 실시간 상호작용뿐만 아니라 비동시적$^{asyn-chronous}$ 상호작용이 가능하다. 예를 들어, 비동시적 토론 활동에서 학생들은 자신의 생각을 숙고하여 정리할 수 있는 시간이 확보되며, 게시된 의견을 수정할 수 있다.

2) 이러닝은 어떤 어려운 점이 있는가?

(1) 초기 투자 비용 부담이 있다

이러닝을 위해서 컴퓨터, 인터넷 네트워크, 콘텐츠 제작, 플랫폼 구축 및 운영 등 초기 시스템 구축을 위한 투자 지출이 필수적이다.

(2) 테크놀로지 활용으로 인한 제한점이 있다

콘텐츠 개발, 플랫폼 운영에 사용되는 소프트웨어, 하드웨어의 호환이 충돌되는 문제가 생기기도 하며 기술의 변화에 따라 사용자에게 리터러시^{literacy} 교육과 지원이 필요하다.

(3) 콘텐츠 품질 확보를 위한 많은 노력이 필요하다

이러닝은 대면 수업보다 훨씬 많은 학습자를 수용할 수 있고, 콘텐츠를 반복 사용할 수 있는 장점이 있다. 그러나 이러닝에서 학습자의 낮은 집중도와 고립감을 극복하기 위해 콘텐츠 개발에서 전문적 교수설계가 중요하며, 이러닝 학습 환경에 적합한 교수설계 전략을 반영하여 콘텐츠 질 관리의 향상을 위한 노력이 필요하다.

(4) 다양한 학습자 변인을 고려할 필요가 있다

이러닝은 다양한 지역, 연령, 배경을 포함한 학습자들이 수강하기 때문에 면대면 수업보다는 학습자의 특성이 훨씬 폭넓게 분포되어 있다. 이러닝은 학습에 대한 의지만 있다면 누구나 수강할 수 있기 때문에 면대면 교육처럼 성적으로 학교, 학년, 학급을 구분하여 선별하지는 않는다. 따라서 수강생의 다양한 학습자 수준, 문화적 차이 등을 고려하여야 한다.

(5) 인간적 접촉, 정서적 교감을 보완하는 전략이 필요하다

인간의 의사소통은 언어뿐만 아니라 얼굴 표정, 손짓, 몸짓 등 여러 감각 기관을 이용하여 정보를 교환한다. 이러닝 환경에서 의사소통은 면대면 교육에 비해 제한적이고 인간적 접촉과 정서적 교감을 나누기에 한계가 있다. 따라서 인간적인 교류의 제한으로 학습자가 이탈하는 문제를 보완하기 위한 운영 전략이 필요하다.

3. 이러닝의 유형

1) 전달 방식에 따른 유형

전달 방식mode of delivery에 따라 학습은, ① 면대면 수업face-to-face instruction, ② 혼합학습/블렌디드 학습blended learning, ③ 완전 온라인 학습fully online learning으로 구분할 수 있다. 전달 방식에서 테크놀로지가 얼마나 많은 비중을 차지하는지를 연속선상으로 본다면([그림 2-4] 참조), 양쪽 극단의 한축은 테크놀로지 활용 없이 완전한 아날로그형 교실 면대면 수업이고, 다른 한축은 100% 원격, 온라인 학습이다. 면대면 수업은 즉각적 피드백과 역동적 상호작용이 원활히 이루어질 수 있으나, 시간과 장소의 제약이 있고 학습자의 개별적 학습 속도에 대응하기 어렵다. 한편, 온라인 수업은 시공간의 제약에서 벗어날 수 있고 개별 학습 속도 조절이 가능하나 심리적으로 소외감, 고립감을 느끼기 쉽고 실재감이 낮아 학습 집중도가 떨어지기 쉽다. 이에 면대면과 온라인 수업의 단점을 보완하면서도 장점을 적절히 혼합한 형태의 학습을 혼합학습, 혹은 블렌디드 학습blended learning이라 칭한다.

블렌디드 학습은, ① 플립러닝flipped learning, ② 교실보조classroom aids형, ③ 하이브리드hybrid형으로 구분할 수 있다. 대표적인 혼합학습으로 거꾸로 학습(플립러닝)이 있다. 거꾸로 학습은 기존의 교실 수업 강의를

그림 2-4 전달 방식에 따른 이러닝 유형

출처: Bates (2019), p. 526.

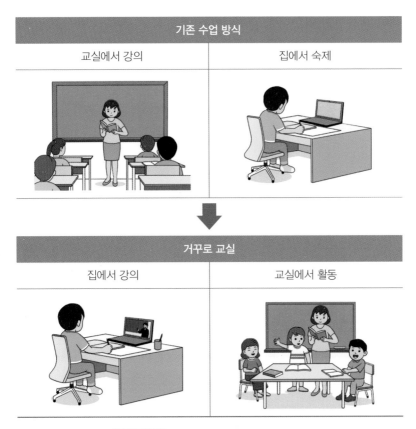

기존 수업 방식	
교실에서 강의	집에서 숙제

거꾸로 교실	
집에서 강의	교실에서 활동

그림 2-5   기존 수업과 거꾸로 교실 차이

온라인 동영상으로 사전에 학습하고, 교실 수업에서는 토의, 토론, 실험, 심화, 체험 학습 등 학습자 참여형 수업을 진행한다. 교실보조형은 면대면 수업에서 테크놀로지를 활용하여 학습 효과를 증대시키는 유형으로 '테크놀로지 강화 학습Technology Enhanced Learning: TEL'으로 불리기도 한다. 예를 들면, 교실 수업에서 파워포인트를 이용하여 강의를 한다든지, 강의할 때 퀴즈 앱을 사용하여 형성 평가를 실시하여 교육 효과성을 높이는 것이다. 한편, 하이브리드형은 온라인과 오프라인의 혼합에서 온라인의 비중이 조금 더 크다. 예를 들면, 온라인 강의로 한 학기를 진행하면서 온라인에서 하기 어려운 활동들인 실습이나 체험을 위해 면대면 학습 활동을 일부 몇 주간 진행하는 것이다(Bates, 2019). 하이브리드형은 기존 이러닝 학습에서 상호작용성을 보완한 수업방식이다.

2) 원격수업의 유형(교육부)

교육부(2020)에서는 원격수업의 방법으로, ① 실시간 쌍방향(화상) 수업, ② 콘텐츠 활용 중심 수업, ③ 과제 수행 중심 수업을 제시하였다. 첫째, 실시간 쌍방향 수업은 줌[Zoom], 팀즈[Teams], 구글 미트[Google Meet] 등 화상 수업 도구를 활용하여 교사와 학생이 실시간 수업을 진행하며 실시간 자료 공유, 토론, 즉각적 피드백이 가능하다. 둘째, 콘텐츠 활용 중심 수업은 교사가 EBS 강의, 혹은 교사 제작 강의 자료 콘텐츠를 제공하고, 학생들은 독립적으로 수업 자료를 학습하며, 교사는 이를 확인하고 피드백을 제공한다. 셋째, 과제 수행 중심 수업은 교사가 교과별 성취기준에 따라 학생이 스스로 학습할 수 있는 과제(예: 학습지 풀기, 독서 감상문 쓰기)를 제시하고 피드백을 제공한다. 교육부에서 제시한 원격수업의 세 가지 유형의 수업 방법, 장점, 단점을 요약하면 〈표 2-3〉과 같다.

그림 2-6   원격수업의 유형(교육부)

출처: https://www.korea.kr/news/policyNewsView.do?newsId=148871218

그림 2-7   원격수업의 유형(교육부)

출처: https://www.korea.kr/news/policyNewsView.do?newsId=148871218

표 2-3 **교육부 원격수업 유형별 특징**

수업 유형		특징
① 실시간 쌍방향 수업	장점	즉각적인 피드백 가능, 오프라인 수업과 같은 실재감과 생동감
	단점	불가피하게 화상수업에 참여하지 못하는 학생에 대한 대체학습 필요, 디지털 기기와 플랫폼에 익숙하지 못할 경우 수업 진행에 어려움이 있음
	수업 방법	고교 온라인공동교육과정, 네이버 라인웍스, 구루미, 구글 행아웃, MS팀즈, ZOOM, Webex 등의 쌍방향 플랫폼을 활용한 실시간 수업
② 콘텐츠 활용 중심 수업	장점	시간과 공간의 제약 없이 자유롭게 학습과 피드백이 가능
	단점	온라인 학습을 위한 학생들의 회원 가입 및 승인 절차 안내, 학생들의 강의 수강 여부 확인 및 출결 처리 방법에 대한 명확한 기준 제시, 사후 활동 계획 및 체계적인 학습 관리 필요
	수업 방법	e학습터, EBS 강좌, 교사 자체 제작 콘텐츠 등을 학생들이 시청하고 수업 관련 활동으로 퀴즈풀이, 댓글토론, 과제수행, 질의응답 등을 실시하는 수업
③ 과제 수행 중심 수업	장점	학생들의 수행 활동과 참여를 통해 이루어짐
	단점	교과별 성취 기준에 따른 적절한 과제 출제의 어려움, 과제를 수행하고 제출하는 방법에 대한 체계적인 안내와 평가에 대한 명확한 기준이 필요함
	수업 방법	교사가 성취 기준 및 학습 시간 등을 고려한 적정 과제를 학급홈페이지, e학습터, SNS 등에 제시하고, 학생들은 수업 시간별로 제공되는 과제를 수행하여 학급 홈페이지, SNS 등으로 제출하는 수업

출처: 박상훈 외(2020). p. 25.

3) 교수-학습 목적에 따른 이러닝 콘텐츠 유형

교수-학습 목적에 따른 이러닝 콘텐츠 유형으로, ① 지식전달형, ② 수행중심형, ③ 지식탐구형으로 구분할 수 있다.

첫째, 지식전달형 이러닝 콘텐츠는 새로운 개념, 원리 등의 지식을 가르치는 목적으로 활용된다. 이러닝 강좌 초반에 학습 목표가 구체적으로 서술되며, 대부분 언어 정보나 지적 기술의 학습 내용을 다룬다. 튜토리얼, 동영상형의 개인교수형 콘텐츠가 일반적이다. 한편, 대상과 목적에 맞게 다양한 자료를 데이터베이스 형태로 구조화하여 학습자가 필요한 자료를 검색·활용할 수 있는 자료제시형 형태도 있다.

둘째, 수행중심형 이러닝 콘텐츠는 새로운 개념을 가르치기보다는 학습자들이 이미 배운 개념이나 지식을 더욱 신속하게 수행하도록 정규 학습 과정을 보충·심화하기 위해 연습 활동의 기회를 제공하는 반복연습형 콘텐츠가 있다. 스크린캐스트screencast를 활용하여 컴퓨터 화면이나 동영상의 시범을 보고 실습을 따라 하면서 절차적 지식을 학습한다. 또한 실제와 유사한 모의 상황에서 학습자가 능동적으로 목표를 성취하게 하는 시뮬레이션형과 게임형이 있다.

지식전달형 (새로운 개념, 지식전달)	수행중심형 (절차형 지식 수행)	지식탐구형 (주제별 문제 해결, 고차원적 사고능력 계발)
• 개인교수(강의형) • 자료제시	• 반복연습(실습형) • 시뮬레이션	• 문제해결형

그림 2-8 교수-학습 목적에 따른 이러닝 콘텐츠 유형

수행중심형 이러닝 콘텐츠 예시(풍선아트로 수업꾸미기, 티쳐빌)

출처: http://www.kyocom.co.kr/menu07/elearning.php?FirstPage=Li4vbG1zcm9vdC9jb250
ZW50cy9wMDAxLzAxL2ludHJvLmh0bT9yb290PTAx&snifcode

문제해결형 이러닝 콘텐츠 예시
(충청권역 대학 이러닝지원센터, 청주대학교,인터넷 농산물쇼핑몰 창업실무

출처: http://www.celc.or.kr/Contents/cec20081N/08110050811005012008 1N/01/01/12/12_0
2.html

셋째, 지식탐구형 이러닝 콘텐츠는 비구조화된 실제적[authentic] 문제를 해결하면서 고차원적 사고능력 개발을 목적으로 한다. 온라인에서 문제중심학습[Problem Based Learning: PBL]과 목표기반 시나리오[Goal-Based Scenario: GBS] 교수모형을 적용한 경우가 이에 해당한다.

4) 발화자 수에 따른 이러닝 콘텐츠 유형

가장 일반적인 이러닝 콘텐츠는 교수자 1명이 수업하는 형태로 주로 얼굴과 상반신을 집중적으로 보여 주고 교수자의 얼굴 표정과 손동작을 함께 제시한다. 이런 형태의 이러닝 콘텐츠를 토킹 헤드형[talking head style]이라 칭한다. 한편, 이러닝 콘텐츠의 발화자가 교수자-학습자, 교수자-학습자-학습자, 교수자-교수자 등 2인 이상 등장하는 대화형 콘텐츠가 있다. 수톤(Sutton, 2011)은 직접적으로 참여하는 대신 다른 학습자 간에 혹은 다른 학생과 교수자 간의 직접적인 상호작용을 적극적으로 관찰하고 동화[assimilation]하는 인지과정을 '대리적 상호작용[vicarious interaction]'이라고 정의하였다. 대화형 콘텐츠에서 이러닝 학습자는 콘텐츠 속 발화자들의 대화를 관찰하면서 간접적으로, 대리적으로 상호작용에 참여하기 때문에 대화형을 대리적 상호작용[vicarious interaction]형이라 할 수 있다. 대화형 이러닝 콘텐츠는 대화를 통해 실제 경험을 공유하여 이러닝 학습자가 다양한 의견을 관찰하고 공감할 수 있으며 몰입도가 높은 것으로 나타났다(이영주, 2020). 인터뷰 형태, 소그룹 세미나 형태의 콘텐츠도 대화형, 대리적 상호작용형의 이러닝 콘텐츠 유형에 해당한다.

표 2-4 발화자 수에 따른 이러닝 콘텐츠 유형

유형	예시 화면	특징
토킹 헤드형 (talking head)		• 보편적 스타일, 일반적으로 스튜디오에서 촬영함 • 단조로움을 피하기 위해 카메라 앵글을 다양하게 변화시켜 촬영할 수 있음
대화형, 대리적 상호작용형 (vicarious interaction)		• 교수자와 게스트[학생(들)] 혹은 다른 교수자)가 특정 주제에 대해 자연스럽게 대화하는 모습을 촬영 • 대본이 없는, 실제 대화를 촬영할수록 이를 시청하는 이러닝 학습자의 몰입을 유도할 수 있음(이영주, 류기혁, 2020) • 공감 유도, 모델링, 개념 설명을 위한 교수 목적에 적용할 수 있음(이영주, 류기혁, 2020)

5) 영상 기법에 따른 이러닝 콘텐츠 유형

이러닝 콘텐츠의 영상기법에 따라, ① 보이스 오버형^{presentation slides with voice-over}, ② 디지털 판서형, ③ 스크린캐스트형^{screencast}, ④ 화면 속 화면형^{picture in picture}, ⑤ 텍스트 오버레이형^{text overlay}, ⑥ 애니메이션형^{animation}으로 구분할 수 있다.

유형	예시화면	특징
보이스 오버 (presentation slides with voice-over)		• 화면에 파워포인트 등 프레젠테이션 자료를 제시하고 설명하는 목소리만 들리도록 제작하며, 제시된 자료에 특정 부분을 강조하여 학습자의 주의를 집중시킬 수 있음
디지털 판서 (digital writing)		• 판서를 교수자의 음성과 실시간으로 맞춰 녹화하는 방식 • 교수자는 일반적으로 대화하는 방식으로 편안하게 설명하며, 상대적으로 제작하는 데 저렴하고 손쉬움 • 자연과학의 개념 설명, 수학의 문제풀이 등에 적합 • 보통 태블릿(Khan-style)이나 디지털 화이트보드(udacity-style)를 활용함 • udacity-Style 콘텐츠를 제작할 경우에는 오버헤드(overhead) 카메라를 이용하여 교수자의 손을 담아 내며, 글씨를 잘 알아볼 수 있도록 편집 과정에서 교수자의 손을 반투명 처리함
스크린캐스트 (screencast)		• 컴퓨터 화면 전체를 교수자의 음성과 함께 녹화함 • 소프트웨어 교육, 수행중심형 튜토리얼형에 자주 사용됨 • 콘텐츠 제작 비용이 저렴함
화면 속 화면 (picture in picture)		• 화면에 다른 화면을 동시에 제시함 • 강의 자료와 교수자 얼굴을 동시에 보여 줌

표 2-5 영상 기법에 따른 이러닝 콘텐츠 유형

텍스트 오버레이 (text overlay)		• 동영상 위에 텍스트나 그래픽이 제시됨 • 중요 내용 요약하거나, 키워드를 강조하고, 논의되고 있는 주제를 시각화하는 데 이용할 수 있음
애니 메이션 (animation)		• 추상적인 개념과 관계 등을 시각화하는 데 유용함 • 매우 간단한 것에서부터 아주 정교한 것까지 모두 가능함

출처: Hansch, McConachie, Schmidt, Hillers, Newman, & Schildhauer (2015).

핵심 요약

● 이러닝(e-Learning)은 공통적으로 '인터넷' '웹'을 사용하는 교육 활동으로 정의함. 이러닝은 학습자 자율성, 주도성을 확보하며 교육 형평성과 학습 선택권을 보장함.

● 이러닝의 기반인 웹은 전문가 중심의 웹 1.0을 시작으로 사용자 참여의 웹 2.0, 개인 맞춤형 지능형인 웹 3.0으로 발전. 2020년 이후 인간과 기계가 공생하는 웹 4.0의 형태로 진화함. 이러닝은 웹 서비스의 기술적 발전에 따라 교수-학습 형태의 영향을 받음.

● 이러닝의 장점으로 접근이 용이, 개별 학습 가능, 적시 교육 가능, 효과적인 비용, 다양한 상호작용이 가능함.

● 이러닝의 단점으로 초기 투자 비용 부담이 있으며, 기술 변화에 따라 사용자 리터러시 교육과 지원이 필요하며, 콘텐츠 품질 확보를 위한 많은 노력이 필요함. 다양한 학습자 변인을 고려해야 하며, 인간적 접촉과 정서적 교감을 보완할 수 있는 전략이 필요함.

● 이러닝은 전달 방식에 따라, ① 면대면 수업, ② 혼합학습/블렌디드 학습, ③ 완전 온라인 학습으로 구분할 수 있음. 교육부는 원격수업 유형을, ① 실시간 쌍방향 수업, ② 콘텐츠 활용 중심 수업, ③ 과제 수행 중심 수업으로 구분함. 이러닝의 교수-학습 목적에 따라, ① 지식전달형, ② 수행중심형, ③ 지식탐구형으로도 분류할 수 있음.

● 이러닝 콘텐츠는 발화자 수에 따라 토킹헤드형, 대화형, 대리적 상호작용형으로 구분할 수 있으며, 영상 기법에 따라 보이스 오버형, 디지털 판서형, 스크린캐스트형, 화면 속 화면형, 텍스트 오버레이형, 애니메이션 등으로 구분 가능함.

도움이 되는 온라인 자료

• 원격수업 유형(교육부) https://youtu.be/q6N4nQK3gok.

• eLearning Pros & Cons(The Training and Development Channel https://youtu.be/J1SdbInLeBI.

• The e-Learning Advantage(globalfinanceschool) https://youtu.be/nzV1NmhC7ik.

- Web 1.0 vs Web 2.0 vs Web 3.0 vs Web 4.0 vs Web 5.0(flat world business) https://flatworldbusiness.wordpress.com/flat-education/previously/web-1-0-vs-web-2-0-vs-web-3-0-a-bird-eye-on-the-definition/.

- What is E-learning?(Nidaan Digital Media) https://youtu.be/1SZle1skb84.

제2부

운영의 실제

제**3**장

이러닝 학습자의 특성

이 장의 초점 질문

- 이러닝(e-learning)을 수강하는 학습자는 어떤 사람들인가?

- 이러닝을 수강하는 이유는 무엇인가?

- 이러닝 학습자는 어떤 어려움을 겪는가?

- 당신은 이러닝을 할 준비가 되어 있는가?

- 이러닝 학습의 성공/실패 요인은 무엇인가?

1. 이러닝 학습자의 특성과 경험

1) 이러닝을 수강하는 학습자는 어떤 사람들인가?

이러닝e-learning이 대중화되면서 유아부터 노인까지 다양한 연령
의 사람들이 학습하고는 있으나, 가장 큰 비중을 차지하는 학습자는
20~50대까지의 성인 학습자이다. 성인 학습자에 관한 이해는 이러닝
학습자의 특성을 파악하는 데 중요한 출발점이 될 수 있다.

말컴 놀스(Malcolm Knowles, 1978)는 페다고지pedagogy에 상응하는 개
념으로 '안드라고지andragogy'를 제안하였다. 놀스는 페다고지를 아이들
을 가르치기 위한 예술과 과학the art and science for teaching children, 안드라고지
는 성인이 학습하는 것을 돕기 위한 과학이자 예술the art and science for helping
adults learn로 정의하였다. 페다고지와 안드라고지를 구분하는 주요 단어
는 'teach'와 'help'이다. 페다고지는 학습자를 가르쳐야 할 대상으로
여기지만, 안드라고지에서 성인은 학습의 주도적 존재이며 교육은 이
를 지원하여 돕는 것이다(김한별, 2010).

놀스가 제시한 성인 학습자가 아동 학습자와 구별되는 특징은 다음
과 같다.

• 성인은 풍부한 인생의 경험을 갖고 있다. 성인 학습자의 경험이

교수-학습 활동에 중요한 자원으로 활용될 수 있을 때 의미 있는
지식과 기술의 체득이 이루어질 수 있다.

- 아동의 학습은 교과의 지식과 기술을 습득하는 것이 주요 목적이
지만, 성인은 현실에 직면한 문제를 중심으로 학습하고자 하는 성
향이 있다.

- 성인은 학습 과정과 결과에서 스스로 느끼는 만족감과 성취가 주
요 학습 동기로 작용된다(Knolwles, Holton, & Swanson, 2010). 즉,
자신에게 배움과 성장이 꼭 필요하다고 판단되면 시간과 비용을
들여 기꺼이 희생하고 감당한다.

- 성인 학습자는 어떻게 학습할지, 무엇을 학습할지, 언제, 어디서
학습할지에 관한 의사결정을 스스로 하고 싶어 한다. 또한 학습
에 관한 통제와 자율성도 갖고 싶어 한다.

2) 이러닝을 수강하는 이유는 무엇인가?

많은 사람은 이러닝e-learning을 수강하는 동기 및 이유로 유용성과 사
용 용이성을 가리킨다. 이러닝을 경험한 대학생을 대상으로 한 이러닝
이용 동기에 대한 조사 연구(신용호, 2019)에 따르면, 이러닝을 이용하
는 가장 큰 이유는 학습 시간을 정해진 시간이 아닌 자유롭게 선택할
수 있기 때문인 것으로 나타났다(41.9%). 다음으로 원하는 공간에서 편
하게 학습할 수 있으며(18.9%), 필요로 하는 학습 내용을 반복하여 들
을 수 있고(9.5%), 강의실에 가야 하는 이동 시간을 절약할 수 있으며
(8.1%), 개인 시간으로 활용이 가능하다(6.8%)는 순으로 높게 나타났
다. 기타 의견으로 '시험과 출석에 대한 부담감이 적다' '다른 강의 시간

에 상관없이 수강이 가능하다' '학점 취득이 용이하다' '다른 일을 하면
서 수강이 가능하다' 등이 있었다.

이정기, 김정기(2014) 연구에서는 대학생들의 이러닝 수강 동기로

요인 1: 물리적, 심리적 편의성

- 학교에 가지 않고 강의를 들을 수 있어서
- 강의실 이동에 따른 불편을 줄일 수 있어서
- 편리한 시간에 강의를 들을 수 있어서
- 사이버 강좌의 시간이 중첩되지 않아서
- 통학에 따른 교통비를 줄일 수 있어서
- 편안한 마음으로 강의를 들을 수 있어서
- 주변 사람을 의식하지 않고 수업할 수 있어서

요인 2: 학습 과정의 용이성

- 시험 부담이 없어서
- 시험이 오프라인에 비해 쉬워서
- 사이버 강의 내용이 쉬워서
- 과제에 대한 부담이 적어서
- 학점 취득이 쉽기 때문에
- 교양 과목이라 부담감이 없기 때문에

요인 3: 정보 교류의 용이성

- 커뮤니티 공간을 통해 정보를 교류할 수 있어서
- 토론방을 이용해 토론할 수 있어서
- 질문을 언제나 할 수 있어서
- 시대적 흐름에 뒤처지지 않기 위해서

요인 4: 오프라인 강의 비교 우위성

- 오프라인 강의보다 더 재미있으므로
- 오프라인에 비해 강의 집중이 잘되어서
- 오프라인에 비해 강의 내용의 정리가 잘 되어서

요인 5: 다른 일과의 병행 가능성

- 다른 일을 하면서 강의를 들을 수 있어서
- 강의를 들으면서 다른 사이트를 이용할 수 있어서
- 다른 사람이 출석을 대신할 수 있어서

요인 6: 비의도성

- 오프라인에 수강할 교양강좌가 없어서
- 오프라인 수강자가 많아 어쩔 수 없어서

그림 3-1   대학생들의 이러닝 수강 동기

출처: 이정기, 김정기(2014).

'물리적, 심리적 편의성' '학습 과정의 용이성' '정보 교류의 용이성' '오프라인 강의 비교 우위성' '다른 일과의 병행 가능성' '비의도성'의 여섯 개의 요인으로 나타났다. 요인별 구체적인 이유는 [그림 3-1]에 상세히 제시하였다.

K-MOOC^Korea Massive Open Online Courses 참여 학습자의 경험에 관한 이영주, 조규락(2018)의 연구에서는 무료 개방 강의라는 점이 경제적 부담과 의무감에서 자유롭게 느끼게 하였고, 대학을 졸업한 후 무료로 자기계발, 평생 학습을 위한 토대가 될 수 있음을 언급하였다.

"첫 번째 무료가 제일 마음에 들고, 무료인데 강의가 질적으로도 되게 떨어지지 않았다는 생각이 많이 들었었고요. 강의 자료라든지 교수님이 실제 영상 안에서 하시는 그런 내용이나 강의 영상의 질 같은 경우도 콘텐츠의 질도 되게 떨어지지 않는다는 생각이 들었었고, 되게 무료로 좋은 강의를 들을 수 있구나 그런 부분은 정말 장점, 강점이라는 생각이 듭니다. 다른 ebs라든지 이런 부분들은 어쨌든 유료로도 계속 자료를 받아야 되고, 그런 부분들이 있어서 조금 아쉽다 이런 생각도 들고요, 그 외에 다른 역사 콘텐츠라든지, 이런 부분들과 차이점이라고 하면 어떤…… 활용성? 구체적인 지식이니까요. 진짜 대학에서 배우는? 그런 부분이 다른 어떤 그냥 강의와 비교해서도 되게 어떤 사람들의 요구가 되게 많겠구나. 그런 채워 주는 만족도가 되게 높겠다는 생각이 들고, 그런 부분에서 조금 차별성이 있다고 생각합니다. <학습자 14>"

"일단 장점이라고 하면 접근성이 쉽죠. 돈을 내야 되는 것도 아니고. 그리고 내가 이거를 듣기 위해서 내가 어떤 기관에 속해야 되는 것도 아니고,

신분이 필요한 것도 아니고 하니까 그냥 쉽게 접근해서 들을 수 있었다는 게 되게 부담이 적었고, 끝까지 안 들어도 된다 뭐 이런 마음에 부담감이 되게 적었다는 거? 되게 자유롭게 들었던 것 같아요. 편한 마음으로. 그리고 내가 좀 흥미 없어 보이는 건 안 듣고, 아 이건 좀 재미있겠다 하는 건 듣고, 이럴 수 있으니까. 그런 건 좀 편했던 것 같고. <학습자 12>"

"그 전에는 그냥 다른 공부를 하려면 학원을 등록해서 돈 내고 저녁에 강남이나 그런 데 가서 공부를 해야 되고, 그런 식으로만 공부를 할 수 있을 것이다라는 생각을 하고 있었는데, 실제로 K-MOOC 보니까 과목들도 되게 많고, 점점 늘어나고 있는 추세다 보니까 이것만 잘 활용하면 내가 그런 경제적인 부담을 지지 않고도 얼마든지 공부를 할 수 있겠다라는 그런 인식이 달라진 것 같고요. 두 번째는 얼마든지 내가 직장생활하면서 자기계발 할 수 있구나. 그런 부분에서 좀 되게 열정이 생기는 걸 많이 느꼈었어요. 그래서 그 전에는 그냥 수동적으로 가서 돈 내고 그렇게 해야 됐다면, 지금은 내가 있는 곳에서 얼마든지 하려면 할 수 있구나. 또 그런 질적으로도 떨어지는 게 아니니까. 되게 또 좋은 지식도 잘 들을 수 있겠구나 하는 부분에서 그런 경험들이 많이 달라졌다고 생각합니다. <학습자 14>"

"제가 저희 남편한테 권유를 했었거든요. 저희 남편이 경제 회사에 있으니까 경제학이랑 이런 부분이 궁금하다고 하면서 대학원 진학을 고민하길래, 그러면 K-MOOC라는 게 있는데 여기에 그게 있더라 연세대학교 교수님. 한번 들어 보는 게 어떻겠냐 해서. 그니까 일반사람의 기준으로 내가 생각하고 공부하는 것들이 정말 내가 추구하는 방향이랑 맞는지에 대해서 확인할 수 있고, 살짝 발 담가 볼 수 있는 계기가 될 것 같았어요. <학습자 07>"

출처: 이영주, 조규락(2018). 인터뷰 발췌.

3) 이러닝 학습자는 어떤 어려움을 겪는가?

(1) 학업 지연, 시간 관리 어려움

이러닝의 어려움으로 외부적 통제성이 없기 때문에 쉽게 나태해지며
(신호영, 2019), 일과 학습을 병행할 경우 인위적 학습 시간을 확보하는
데 어려움이 있다(나일주, 한안나, 2002). 이러닝 학습자들은 자신들이
세운 학습 시간 계획을 잘 지키지 않는 것으로 보고되었다. 그러나 학
습 시간 계획의 실천 수준이 높은 집단은 대체로 학습 참여가 높고, 학
습 지연을 보이지 않았으며, 주당 학습 일수가 많고 학업 성취가 높게
나타났다(권성연, 2009). 자기주도학습 능력의 부족과 시간 관리의 실
패는 학습자가 과제나 학습을 미루는 학업 지연 행동으로 이어지며, 학
업 지연 행동은 학업성취도에 부정적인 영향을 미친다(신명희, 박승호,
서은희, 2005). 개방성과 유연성이 특징인 이러닝 환경에서는 성공적인
학습을 위해 철저한 학습 관리와 자기주도적인 학습능력이 요구된다.

(2) 집중력 저하

이러닝을 이용하는 사람들을 대상으로 정보통신기획 평가원(2018)
에서 설문조사를 한 결과, 이러닝 이용 개선 요소로는 '학습집중력이
떨어짐' 27.7%, '질문 등의 불편' 23.4%, '교육친화적이지 못함' 14.5%,
'오프라인 대체교육 효과 낮음' 13.3%, '원하는 교육콘텐츠 부족' 12.1%
등의 순으로 나타났다([그림 3-2] 참조). 이러닝 학습의 특성상 오프라
인보다 집중력이 떨어진다는 온라인교육의 문제점을 겪고 있으며, 특
히 20대(31.5%)가 타 연령대에 비해 집중력 저하를 높은 문제점으로
인식하고 있는 것으로 조사되었다.

코로나19로 온라인 개학이 시작되면서 초등학생은 원격수업의 어려움으로 집중력이 20분도 채 되지 않아 부모의 도움 없이 수업이 어렵고, 옆에 어른이 있을 때만 집중이 된다는 조사 결과가 발표되었다([그림 3-3] 참조)(이근아, 2020). 코로나바이러스 사태로 재택근무가 중

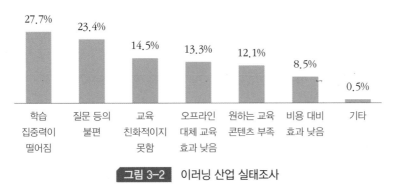

그림 3-2 이러닝 산업 실태조사

출처: 정보통신기획평가원(2018).

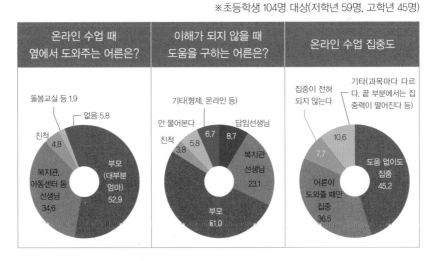

그림 3-3 온라인 개학 설문조사

출처: 서울신문 기사(2020.04.26).

가하고, 화상 회의의 증가로 '줌 피로^{Zoom fatigue}증후군'이 발생하였다. 비
언어적 단서가 부족한 화상회의는 좀 더 높은 집중력을 요구하기 때문
에 면대면 대화보다 영상 대화가 더 피곤하고 힘들게 느껴질 수 있다
(BBC 뉴스, 2020).

(3) 심리적 고립감

이러닝은 물리적 공간의 분리로 인해 대면 수업과 다르게 교사-학
생, 학생 간 자연스럽고 원활한 상호작용이 제한적이다. 따라서 면대
면 상황과 달리 인간적인 만남이 거의 배제되어 있는 이러닝 환경에서
학습자는 외로움, 불안감 등 심리적인 고립감을 느끼기 쉽다. 이러닝
에서 상호작용성을 높이기 위해 학습자의 '실재감^{presence}'을 높여 주는
것이 중요하다. 실재감이란 '어딘가에 존재하는 느낌 또는 지각^{the sense}
^{of being there}'을 의미한다(김지심, 강명희, 2010). 물리적으로 고립된 상황
의 이러닝 환경은 면대면 교육환경에서의 학습자의 지각과 경험과는
질적으로 크게 다름을 인정하고 실재감을 향상시킬 수 있는 전략을 고
려해야 한다.

2. 이러닝 학습의 준비도

이러닝은 면대면 학습과 다르게 거리^{distance}가 존재하며 각자 독립
된 환경에서 학습하기 때문에 면대면 수업보다 학습자의 학습 준비도
가 더 크게 요구될 수 있다. 이러닝 준비도^{e-learning readiness}는 학습자가
이러닝 학습을 성공적으로 수행하기 위해 얼마나 잘 준비되어 있는지

를 의미한다(Watkins, Leigh, & Triner, 2004). 왓킨스, 리 그리고 트리너
(Watkins, Leigh, & Triner, 2004)는 이러닝 준비도 영역으로, ① 테크놀로
지 접근성, ② 온라인 스킬과 관계형성능력, ③ 동기, ④ 온라인 비디
오/오디오 자료 활용능력, ⑤ 온라인 토론능력, ⑥ 이러닝 성공 요소를
제시하였다. 영역별 구체적인 준비도 측정 문항은 〈표 3-1〉에 제시하
였다. 이러닝을 수강하기 전 스스로 이러닝 학습을 위한 준비가 얼마
나 되었나 확인하여 대비한다면 이러닝이 보다 즐거운 학습경험이 될
것이다.

표 3-1 이러닝 학습 준비도 측정도구

영역	문항	전혀 그렇지 않다	대체로 그렇지 않다	보통이다	대체로 그렇다	매우 그렇다
① 테크놀로지 접근성(technology access)	1. 나는 인터넷 접속이 되는 컴퓨터에 접근성이 있다.	1	2	3	4	5
	2. 나는 성능이 우수한 컴퓨터(예: 충분한 RAM 등)에 접근성을 갖고 있다.	1	2	3	4	5
	3. 나는 적절한 소프트웨어(예: MS office 등)를 갖춘 컴퓨터에 접근성을 갖고 있다.	1	2	3	4	5
② 온라인스킬과 관계형 성능력 (online skills and relationships)	4. 나는 컴퓨터 사용을 위한 기본 능력(예: 파일 저장, 폴더 생성 등)을 갖고 있다.	1	2	3	4	5
	5. 나는 인터넷으로 원하는 정보를 검색할 수 있는 기본 능력이 있다.	1	2	3	4	5
	6. 나는 파일을 첨부하여 이메일을 보낼 수 있다.	1	2	3	4	5
	7. 나는 온라인 강의 참여를 위해 일주일에 3~4회의 컴퓨터 사용이 편안하다.	1	2	3	4	5
	8. 나는 온라인 기술(예: 이메일, 채팅 등)을 사용하여 다른 사람들과 효율적으로 의사소통할 수 있다.	1	2	3	4	5

	9. 나는 글로 나에 관해(예: 기분, 감정, 유머 등) 명료하게 표현할 수 있다.	1	2	3	4	5
	10. 나는 온라인 도구(예: 이메일, 채팅 등)를 사용하여 다른 시간대에 있는 학생들과 과제를 공동으로 수행할 수 있다.	1	2	3	4	5
	11. 다른 학생들 혹은 교수자에게 적시에 응답할 수 있도록 시간을 계획할 수 있다.	1	2	3	4	5
	12. 나는 글로 질문을 하고 의견을 제시할 수 있다.	1	2	3	4	5
③ 동기(motivation)	13. 나는 교수자가 항상 온라인에 접속하지 않아도 학습 동기를 유지할 수 있다.	1	2	3	4	5
	14. 온라인 방해 요소(예: 웹서핑, 이메일 보내기 등)가 있어도 나의 학습을 완료할 수 있다.	1	2	3	4	5
	15. 나는 집에서 방해 요인(예: TV, 아이들 등)이 있어도 과제를 완료할 수 있다.	1	2	3	4	5
④ 온라인 비디오, 오디오, 자료 활용 능력(online audio/ video)	16. 나는 짧은 동영상 클립(1~3분 정도)의 내용을 책이나 온라인으로 읽은 정보와 관련시킬 수 있다.	1	2	3	4	5
	17. 나는 컴퓨터로 동영상을 보면서 필기를 할 수 있다.	1	2	3	4	5
	18. 나는 동영상 형태의 온라인 강의 정보를 이해할 수 있다.	1	2	3	4	5
⑤ 온라인 토론 능력 (internet discussions)	19. 나는 인터넷을 사용하여(예: 채팅, 메신저 등) 대화를 할 수 있다.	1	2	3	4	5
	20. 동시에 여러 온라인 채팅이 발생했을 때, 모두 참여하지 않아도 여러 개의 온라인 토론에 참여하는 것이 편하다.	1	2	3	4	5
	21. 나는 타이핑하면서 온라인 대화(예: 채팅, 메신저)를 잘 이해할 수 있다.	1	2	3	4	5
	22. 나는 가끔 질문에 대답하기 위한 시간이 충분한 것을 선호한다.	1	2	3	4	5
⑥ 이러닝 성공 요소 (importance to your success)	23. 교수자와 정기적인 교류는 성공적으로 온라인 강좌를 학습하는 데 중요하다.	1	2	3	4	5
	24. 성공적 온라인 강좌 학습을 위해 빠른 기술적·행정적 지원은 중요하다.	1	2	3	4	5
	25. 성공적 온라인 강좌 학습을 위해 학습 과정에서 참여도가 중요하다.	1	2	3	4	5

| 26. 온라인 기술에 관한 선행 경험은 성공적 온라인 강의 수강에 중요하다. | 1 | 2 | 3 | 4 | 5 |
| 27. 성공적 온라인 강좌 학습을 위해 강의 자료를 즉각적으로 적용하는 것이 중요하다. | 1 | 2 | 3 | 4 | 5 |

출처: Waikins, Leigh, & Triner (2004).

또한 이러닝을 시작할 때는 다음 사항에 대한 본인의 학습 계획을 세워 보는 것이 바람직하다(Siemens & Yurkiw, 2003).

- 언제(요일, 날짜, 주중/주말, 오전/야간 등) 이러닝을 학습할 것인가?
- 어디서(집, 회사 등) 이러닝을 학습할 것인가?
- 일주일에 몇 시간을 이러닝에 사용할 것인가?
- 내 생활에서 이러닝과 충돌되는 우선순위 과제는 무엇인가? 충돌되었을 때 나는 어떻게 처리하고 해결할 것인가?
- 이러닝 교수자, 동료 학습자들과 어떻게 연락할 것인가?
- 이러닝 학습을 잘하고 있는지 나의 학습 계획을 언제 평가할 것인가?

지멘스와 유르키우(Siemens & Yurkiw, 2003)는 온라인 학습 준비도를 스스로 판단하기 위한 테스트 설문을 다음과 같이 제시하였다.

각 문항을 잘 읽고, '예'로 답한 개수를 세어 보세요. '예'로 답한 개수 1개가 1점이며, 개수의 합으로 18개, 총 18점 만점입니다. 해당하는 점수에 따라 학습자 준비도 정도를 세 단계로 나누어 제시하였습니다. 당신은 이러닝 학습 준비가 얼마나 되었나 스스로 평가해 보세요.

표 3-2 **나의 이러닝 준비도 체크리스트**

나의 이러닝 준비도	Yes
1. 당신은 새로운 기술을 배울 때 스스로 동기유발이 되는 편인가요?	
2. 당신은 스스로 자기관리를 잘하는 사람이라고 생각하나요?	
3. 당신은 이러닝에서 얻고자 하는 목표를 설정했나요?	
4. 당신은 과제나 시험공부를 완료해야 할 때 미루지 않는 편인가요?	
5. 당신은 채팅이나 메신저 프로그램을 사용하는 데 익숙한가요?	
6. 당신은 이메일을 사용하는 데 익숙한가요?	
7. 당신은 토론 수업에 적극적으로 참여하나요?	
8. 평소 강의를 들을 때, 과제나 시험을 '벼락치기'를 한 적이 거의 없나요?	
9. 동료 학습자들과 경험을 공유하는 활동으로 학습이 된다고 생각하나요?	
10. 교수자가 모든 답변을 제공하는 전문가가 되어야 한다는 의견에 반대하나요?	
11. 당신은 혼자서 독립적으로 공부하는 것을 좋아하는 편인가요?	
12. 당신은 인터넷을 검색하고 새로운 정보를 탐구하는 활동을 즐겨 하는 편인가요?	
13. 당신은 시험 일시나 과제물 마감일을 교수자가 알려 주지 않아도 스스로 챙기는 편인가요?	
14. 당신은 자신의 학습 속도에 따라 스스로 학습하는 것을 즐기는 편인가요?	
15. 당신은 스스로 문제를 해결하는 것을 좋아하는 편인가요?	
16. 당신은 팀 과제 활동에 참여하는 것을 좋아하는 편인가요?	
17. 당신은 새로운 지식과 기술을 배우는 것을 좋아하고 온라인으로 수업이 진행된다는 것에 흥미와 기대가 있나요?	
18. 당신은 온라인 수업이 효과적인 학습 방법이라고 생각하나요?	
총 개수	

출처: Siemense & Yurkiw (2003).

• 점수 합계 1~6점

"온라인 학습은 당신의 기술과 학습 접근법으로는 적합하지 않을 수도 있습니다. 그러나 당신이 좋은 학생이 될 수 없다는 의미는 아닙니다. 즉, 당신이 수업에서 요청하는 사항들을 정시에 완료하도록 집중하고 전념해야 한다는 의미입니다."

• 점수 합계 7~13점

"당신은 온라인 학습환경에서 잘해야 합니다. 동기부여, 조직력, 기획력은 온라인 학습에 성공하기 위한 가장 중요한 요소입니다. 수업 자료를 잘 따라오고, 과제 제출 일정을 잘 지킨다면 이러닝을 성공적으로 마칠 수 있습니다."

• 점수 합계 14~18점

"당신은 매우 의욕적이고, 이러닝에서 성공하는 데 필요한 기술을 보유하고 있습니다. 당신은 온라인 학습을 통해 조직 및 계획 능력을 잘 활용할 수 있습니다. 온라인 학습을 잘 즐기시기 바랍니다."

출처: Siemens & Yurkiw (2003).

3. 이러닝 학습의 성공과 실패 요인

이러닝은 자발적 참여로 이루어지기 때문에 이러닝 코스를 끝까지 마치지 않고 중도에 포기하기 쉽다. 이를 중도탈락$^{drop-out}$이라고 칭하며, 원격교육기관별로 평균 30~50%의 중도탈락률을 나타내고 있다. 면대면 강의에서 중도탈락률이 10% 미만인 것에 비교하면 이러닝 환경에서 중도탈락률은 꽤 높다고 볼 수 있다(Moore & Kearsley, 2012). 이러닝 학습의 높은 중도탈락률은 오랫동안 원격교육 기관과 운영자에게는 큰 고민이며, 학습자에게도 낮은 자존감을 유발하고 온라인 수

업에 관한 부정적 인식과 거부감을 유발할 수 있는 문제도 발생한다
(Poellhuber, Chomienne, & Karsenti, 2008).

원격교육에서 학습자가 학습을 지속할지 아니면 포기할지에 관한
행동 결정은 상당히 복잡한 과정이다. 학습자가 처해 있는 상황적, 환
경적 맥락과 학습 과정에 영향을 미치는 다양한 요소가 영향을 주기
때문이다. 켐버(Kember, 1995)는 원격교육 강의를 수강하는 성인 학
습자의 학습 과정에 관한 모델([그림 3-4] 참조)을 제안하였다. 켐버의
모형은 원격교육 프로그램에서 성공적으로 학업을 완료하는 데 영향
을 미치는 요인을 제시하였다. 학습자의 출발점 특성은 학력, 결혼 여
부, 고용 상태 등 이러닝 수업을 듣는 시점에 이미 정해진 특성을 의미
한다. 출발점 특성entry characteristics을 지닌 원격교육 학습자는 두 가지 학
습 과정, 경로를 경험할 수 있는데, 첫째, 사회적 통합social integration과 학
업적 통합academic integration이 잘 이루어지는 경로가 있고, 둘째, 부족한

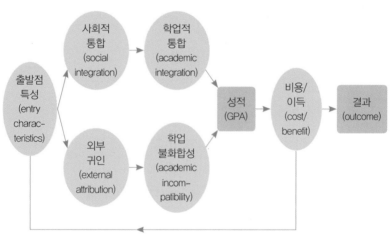

그림 3-4   원격교육에서 학습자 학습과정 모형

출처: Kember (1995).

시간, 예기치 못한 사건, 방해요인으로 인한 산만함 등 외부 귀인^{external}

attribution으로 원격교육 환경의 사회적 적응, 통합이 어려워지고, 본인의
통제를 벗어나 학업 불화합성^{academic incompatibility}이 발생하는 경로가 있
다. 학습자는 두 가지 경로 중 1개를 선택하게 되며 결국에는 학습의
결과로 성적^{Grade Point Average: GPA}을 받게 되고 학습에 소요된 비용과 이득
을 비교한 결과 원격 학습을 지속할지, 중도탈락할지 결정하게 된다.

이영주와 최재호(2011)는 온라인 강좌에서 중도탈락하는 요인에 관
해 10년간(1999~2009년) 출판된 실증 연구물을 대상으로 분석하였다.
총 69개의 요인이 도출되었고, ① 학생 요인, ② 강좌/프로그램 요인,
③ 환경 요인 세 가지로 구분하였다.

표 3-3 이러닝 중도탈락 요인

학생 요인(student factors)	
학업적 배경 (academic background)	• 성적^{GPA} (Dupin-Bryant, 2004) (Morris et al., 2005b; Osborn, 2001; Shin & Kim, 1999) • 과거 학업 수행^{previous academic performance} (Castles, 2004; Cheung & Kan, 2002; Poellhuber et al., 2008) • 수학 성적^{SAT math score} (Morris et al., 2005b)
관련 경험 (relevant experience)	• 교육 수준^{educational level} (Dupin-Bryant, 2004; Levy, 2007; Osborn, 2001) • 수료한 온라인 강좌 수^{number of previous courses completed online} (Dupin Bryant, 2004) • 수강했던 원격교육 강좌 수^{number of previous distance learning courses} (Cheung & Kan, 2002) • 관련 분야 경험^{previous experience in the relevant field} (Cheung & Kan, 2002; Xenos et al., 2002) • 관련 분야 전문 환경^{involvement in professional activities in relevant field} (Xenos et al., 2002)

기술 (skills)	• 시간 관리 능력[time management skills] (Holder, 2007; Osborn, 2001; Sin & Kim, 1999) • 학업과 직업적 책무 균형에 필요한 시간 과소 평가[underestimation of the time required to balance their academic] (Pierrakeas et al., 2004; Xenos et al., 2002) • 멀티 책무와 역할 균형 및 조율 능력[ability to juggle roles/balancing multiple responsibilities] (Castles, 2004; Müller, 2008) • 대처 전략[strong coping strategies] (Castles, 2004) • 회복력[resilience] (Kemp, 2002) • 컴퓨터 사용 교육[relevant prior computer training)(searching the internet training, operating systems and file management training, and internet application training] (Dupin-Bryant, 2004) • 컴퓨터 활용 자신감[computer confidence] (Osborn, 2001)
심리적 자질 (psychological attributes)	• 통제 소재[locus of control] (Morris et al., 2005b; Parker, 2003; Parker, 1999) • 동기[motivation] (Chyung, 2001; Ivankova & stick, 2007; Osborn, 2001; Parker, 2003) • 목표와 몰입도[goal commitment] (Morgan & Tam, 1999) • 학습 즐거움[love of learning] (Castles, 2004) • 자기효능감[self-efficacy] (Holder, 2007; Ivankova & stick, 2007) • 만족도[satisfaction] (Levy, 2007; Moore et al., 2003)

강의, 프로그램 요인(course/program factors)	
강의 설계 (course design)	• 팀 빌딩 활동[team-building activities] (Bocchi et al., 2004) • 프로그램 질(구조화, 관련 내용)[program quality; well-structured, relevant content] (Ivankova & stick, 2007; Perry et al., 2008)
기관 지원 (institutional supports)	• 행정 지원[administrative support] (Muilenburg & Berge, 2001) • 학생 지원 시스템[student support infrastructure] (Clay et al., 2009; Ivankova & stick, 2007) • 오리엔테이션[orientation] (Clay et al., 2009; Frydeberg, 2007)
상호작용 (interactions)	• 학생 간 상호작용[inter-student interaction] (Pigliapoco & Bogliolo, 2008; Tello, 2007) • 교수자와 학생 상호작용[faculty interaction] (Bocchi et al., 2004; Ivankova & stick, 2007) • 학생 참여도[student participation] (Morris et al., 2005a)

환경 요인(environment factors)	
직장 책무 (work commitments)	• 고용 상태[employment status] (Packham et al., 2004) • 업무 전념도[work commitments] (Kemp, 2002; Perry et al., 2008; Tello, 2007) • 업무 압박 증가[increased pressure of work] (Packham et al., 2004) • 업무 책임과 환경 변화[changes in work responsibilities and environments] (Perry et al., 2008; Pierrakeas et al., 2004)
지원 환경 (supportive environments)	• 재정 지원[financial aid] (Morris et al., 2005b; Parker, 1999) • 가족, 직장, 친구의 지원[support from family, work, friends] (Castles, 2004) • 정서적 지원[emotional support] (Holder, 2007; Ivankova & Stick, 2007) • 학습 시간 확보 가능한 환경 지원[support from family, work, friends] (Shin & Kim; Osborn, 2001, 1999) • 생활환경[life circumstances] (Perry et al., 2008) • 도전적 일[life challenger] (Castles, 2004) • 생활 행사 및 사건[life events] (Frydeberg, 2007)

출처: 이영주, 최재호(2011).

핵심 요약

- 다양한 연령의 학습자가 이러닝 학습을 하고 있지만 20~50대의 성인 학습자가 가장 큰 비중을 차지함. 학습자가 이러닝을 수강하는 동기는 자유로운 학습 시간과 학습 장소, 반복 학습 가능, 이동 시간 절약 등으로 나타남.

- 이러닝 학습자는 외부의 통제가 없기 때문에 학업 지연 및 시간 관리에 어려움을 겪으며, 집중력이 떨어지는 문제점이 있고, 심리적 고립감을 느낄 수 있으므로 실재감을 향상시킬 수 있는 전략이 필요함.

- 이러닝은 **면대면 수업보다 학습자의 학습 준비도가 더 크게 요구됨**. 이러닝 준비도 영역으로, ① 테크놀로지 접근성, ② 온라인 스킬과 관계형성 능력, ③ 학습 동기, 자료 활용 능력, ④ 온라인 토론 능력, ⑤ 이러닝 성공 요소가 있음.

- 이러닝은 자발적 참여로 이루어지기 때문에 면대면 강의와 비교해 볼 때 중도 포기율이 높은 편임. 온라인 강좌에서 학습자가 중도 탈락하는 요인으로는 학생 요인, 강좌/프로그램 요인, 환경 요인 세 가지로 구분할 수 있음.

- 이러닝 학습의 성공과 실패 행동에 관한 이해는 학습자가 처해 있는 상황적, 환경적 맥락과 학습 과정에 영향을 미치는 다양한 요소를 고려해야 함.

도움이 되는 온라인 자료

- 원격교육 학습자의 특성(케이스터디한국원격평생교육원) https://youtu. be/TX6bgQXyi4U.

- 이러닝이 실패하는 이유(2020 서울평생교육 전문성 강화연수) https:// www.youtube.com/watch?v=xqtqRtSvFyc.

- It's Uncomfortable To Me': Students Share Their Feelings About Remote Learning (NBC News NOW) https://youtu.be/8VZUpVZGpeE.

- Online student readiness tutroials(California Community Colleges) http:// apps.3cmediasolutions.org/oei/.

제**4**장

이러닝 교수자와 온라인 튜터

이 장의 초점 질문

- 이러닝 환경에서 교수자는 면대면 수업환경에서 교수자와 어떻게 다른 역할이 요구되는가?
- 이러닝 환경에서 교수자는 어떤 역할을 수행해야 하는가?
- 이러닝에서 온라인 튜터(tutor)는 어떤 존재인가?
- 이러닝에서 온라인 튜터(tutor)는 어떤 업무를 수행하는가?
- 이러닝에서 온라인 튜터(tutor)는 어떤 역량이 필요한가?
- 성공적 이러닝을 위한 교수 설계의 전략은 무엇인가?

1. 이러닝 교수자의 역할

1) 이러닝 환경에서 교수자는 면대면 수업환경에서 교수자와 어떻게 다른 역할이 요구되는가?

이러닝 환경과 면대면 교육환경은 여러 가지 측면으로 다른 특성을 지니지만, 교수자의 측면에서 가장 큰 차이점은 학습자의 반응을 즉각적으로 알기 어렵다는 데 있다. 물론 실시간 원격수업은 화면상에 표정을 볼 수 있긴 하지만 매체의 한계로 인해 면대면 교육처럼 풍부하고 자연스러운 상호작용이 원활하기 어려운 것이 현실이다. 따라서 이러닝 환경에서 교수자는 학습자가 수업 활동에 관해 어떤 반응을 할지 예측하고 문제가 발생할 때 대응하는 전략이 필요하다.

면대면 환경과 다르게 이러닝 환경에서 교수자의 또 다른 어려움은 테크놀로지의 활용이다. 교수자와 학습자의 거리를 테크놀로지를 매개체로 연결하기 때문에 교수자에게 테크놀로지 활용 능력이 필연적으로 요구된다. 교수자의 테크놀로지 활용 역량을 지원하기 위해 기관 차원에서 사용자 교육, 활용 교수방법에 관한 워크숍, 특강을 제공하고 있으나, 여전히 많은 교수자는 이러닝 플랫폼platform이나 에듀테크 소프트웨어에 대한 시행착오trial-and-error를 겪으며 좌충우돌하는 경험을 한다.

이러닝에서 최고의 교수자는 테크놀로지로 매개된 의사소통에서 학생의 개성을 잘 이해하고 공감을 잘해 주는 사람이다. 학생들은 보이지 않는 교수자에 대해 일반적으로 더 방어적이며 불안에 대해서 표현하지 않으려는 경향이 있다(Moore & Kearsley, 2012). 어떤 학생들은 교수자에게 의존적 관계를 원하는 반면, 다른 학생들은 정반대로 자율성을 높게 갖고 싶어 한다. 교수자는 학습자의 이러한 감정들을 파악하고, 잘 해결해 줄 수 있어야 한다.

일반적으로 교수자는 학생들을 수동적인 지식의 수용자로 생각하기 쉽다. 또한 이러닝 환경에서 학습자들이 더욱 수동적 자세를 취한다. 교수자는 학생들이 학습 과정에 능동적으로 관여할 수 있도록 안내해야 한다. 교수자는 학습자의 학습동기를 지원해야 하고, 모든 학습자가 가능한 한 독립적으로 학습할 수 있도록 유도하여야 한다.

2) 이러닝 환경에서 교수자는 어떤 역할을 수행해야 하는가?

무어와 키어슬리(Moore & Kearsley, 2012)는 이러닝 환경에서 교수자의 특수한 역할에 관해, ① 내용 관리content management, ② 학습자 학습 과정 검토student progress review, ③ 학습자 지원learner support, ④ 이러닝 효과 평가course effectiveness evaluation를 네 가지 교수자 활동으로 제시하였다.

(1) 내용 관리

내용 관리 측면에서 교수자 역할은 교수자의 내용 전문성을 기초로 하여 학습을 안내하는 교수자의 가장 기본적인 역할이라 볼 수 있다. 학습 내용에 대해 설명하고 학생들에게 질문하여 학생의 답변에 대한 피드백을 제공해 주면서 학습자의 참여를 유도한다. 주로 학습을 안내하고 학습 정보를 제공해 주는 내용 전문가로서 역할을 수행한다. 이러한 역할은 일반적인 교수자의 역할과 일치한다고 볼 수 있으나, 이러닝 상황에서는 학습 내용을 온라인 상황에 맞게 구성하는 교수 설계자의 역할도 추가될 수 있다(Wilson & Stacey 2004).

(2) 학습자 학습 과정 검토

교수자는 학습자들의 정기적인 과제 확인, 평가, 학생들의 성취 수준에 대해서 모니터링하고 이에 관해 학생들과 소통한다. 교수자는 학습자의 학습 동기를 촉진, 유지시키기 위한 활동을 하고, 학습자의 학습 활동을 관리하고 평가하는 역할을 한다. 예를 들어, 교수-학습의 전체적인 일정을 공지하거나, 학습 목표 및 시간이 포함된 수업 계획안을 제공하며, 구체적인 학습 방법을 안내하게 된다(송상호, 2005).

(3) 학습자 지원

교수자는 학생들이 갖고 있는 문제를 파악하여 학생 스스로가 그 문제를 인식하거나 혹은 분명히 말할 수 있도록 이끄는 역할을 한다. 교수자는 학습을 촉진할 수 있는 친근한 분위기를 만들고 온라인 공동체를 도와주는 조력자 역할을 하게 된다. 이를 위해 교수자는 사이버공간에서의 의사소통을 잘 지켜보면서 문제가 있는 학습자와 상담하는 카운슬러의 역할을 하기도 한다.

(4) 이러닝 효과 평가

이러닝 프로그램의 질을 향상하기 위해 교수 설계자, 테크놀로지 전문가, 행정가들의 기관 측면에서의 평가가 있으나, 학생들과 직접적으로 소통하고, 학습자의 느낌과 경험에 관한 정보를 가장 많이 얻는 사람은 교수자이다. 따라서 교수자는 이러닝 프로그램 운영의 효과성에 관한 가장 신뢰할 만한 평가를 할 수 있다.

그림 4-1 이러닝 환경에서의 교수자 역할

2. 온라인 튜터의 역할

1) 이러닝에서 온라인 튜터는 어떤 존재인가?

이러닝 환경에서 교수자만큼 중요한 역할을 수행하는 사람이 '온라인 튜터tutor'이다. 튜터는 학습자들이 원격교육 환경에 잘 적응할 수 있도록 안내 및 조언하며, 학생들의 학습 과정에서 발생하는 문제

"학습분위기를 띄우는 일에 신경이 많이 쓰여요. 처음
질문이나 게시글이 없을 땐 제가 직접 글을 올리기도 하지만,
어느 정도 기간이 지나면 자연스럽게 활성화되죠. 분위기가 계속 침체되어
있을 때가 참 난감한데 뭐가 잘못되었는지 어떤 이벤트를 마련하면 좋을지 곰곰이
궁리합니다."

"제일 힘든 건 학습에 흥미를 잃어 가는 학습자의 마음을 돌리는 일이에
요. 처음에 이런 학습자를 발견하고 메일이나 전화 통화를 해서 동기부여가 될 때
는 제 존재의 의미를 느끼기도 하는데요. 흥미를 찾지 못하고 계속 방황하는 경우,
매우 신경이 쓰여요. 특히 학습 내용 자체에 흥미를 못 느끼는 경우엔 제가
어찌해야 할지 모르겠어요."

그림 4-2 온라인 튜터의 역할

를 해결할 수 있도록 도움을 제공하는 사람이자 '촉진자^{facilitator}' '조정자
^{moderator}' '학습 도우미'로 면대면 교육에서 수업/행정 조교와 유사한 존
재로 볼 수 있다.

  이러닝 환경은 면대면 교육과 달리 교수자-학습자, 학습자 간 감성
적 교류와 인간적 상호작용이 풍부하게 이루어지기 어려운 특수한 점
이 존재한다. 온라인 튜터가 개인화된 학습 지원을 제공할 때 학습자
는 교수자의 존재감을 느끼고 학습 실재감이 높아질 수 있다(김정화,
강명희, 2010).

  이러닝에서 교수자가 학습 내용의 선정, 조직, 강의 진행, 학습 안내
및 지도 등 학습자들을 직접 가르치는 내용 전문가와 수업설계자의 역
할을 한다면, 튜터^{tutor}는 교수자와 학습자의 중간 매개자로서 학습자의
학습 과정을 안내, 지원, 학습자의 문제해결능력을 향상시키는 교수자
의 보조자 혹은 학습자의 지원자이다(이동주, 임철일, 임정훈, 2009).

  학습자의 개별 상황적 요구를 효과적으로 지원하기 위해서는 학습

뉴스
대학교육

건양사이버대, 대학생활 도우미 '수업운영 튜터' 모집
사회복지·보건의료·상담심리 등 5명 모집

이한빛 기자 | lb0404@unn.net

+ - 🔊🔈🔉   승인 2016.09.05 15:02:19   🅑 f 🔵🔴🔵 N 8 🔵

[한국대학신문 이한빛 기자] 건양사이버대(총장 김희수)가 재학생들의 대학생활 도우미로써 활동할 수업운영 튜터를 모집한다.

모집인원은 사회복지 전공자 2명과 보건의료복지 전공자 1명, 다문화한국어 전공자 1명, 상담심리 전공자 1명 등 총 5명을 모집한다. 지원 자격은 관련 학과 전공자이거나 석사과정에 재학 중이어야 한다. 사이버 튜터 경력자의 경우 우대를 받는다.

튜터 활동은 주로 교수학습안내, 학습지원, 학습상담 등의 온라인 업무 위주로 맡게 되며 40만원의 튜터 활동비가 지급된다. 근무기간은 8월 29일부터 오는 12월 11일까지다.

< 저작권자 © 한국대학신문 무단전재 및 재배포금지 >

▸ 이한빛 기자의 다른기사 보기

🏠 홈 > 사회 > 교육

학력격차 우려 '초등 4~6·중학생' 온라인 튜터 지원...교육부 추경 1646억 확정

2학기 학교 방역인력 1만명 지원, 380억 지원
비대면 대학 강의 지원에 419억원...콘텐츠 제작 전문인력 지원

🔲 기사입력 : 2021년03월25일 11:07   🖊 최종수정 : 2021년03월25일 11:07

가 + | 가 - | 프린트 | 👍 좋아요 0개   f 🐦 🅟 🅑

[세종 = 뉴스핌] 김범주 기자 = 신종 코로나바이러스 감염증(코로나19)으로 인한 기초학력 저하 등 학력격차 해소를 위해 초등 4~6학년 및 중학생을 대상으로 학습을 지원하는 '온라인 튜터' 사업을 본격적으로 시작할 수 있게 됐다.

또 전국 유·초·중·고등학교에 올해 2학기 학교 방역 활동 및 예방수칙 지도인력 1만여명이 학교 현장을 직접 지도할 수 있게 됐다.

출처: https://www.newspim.com/news/view/20210325000625

자와 튜터의 비율이 중요하다. 이러닝 강좌의 특성에 따라 토론이 많이 요구되는 강의는 튜터 수와 학습자 수의 비율을 1:10 이하로 토론과 설명이 균형 있는 강의에서는 1:20 정도가 적당하며, 상호작용이 낮고 설명 위주의 정보 전달 강의에서는 1:100이 적절하다(Bate, 1999).

2) 이러닝에서 온라인 튜터는 어떤 업무를 수행하는가?

한국형 온라인 공개강좌인 K-MOOC는 대학의 강의를 누구나 무료로 수강할 수 있는 서비스이다. MOOC는 Massive Open Online Course의 약자로서 수강인원에 제한 없이^{Massive}, 모든 사람이 수강 가능하며^{Open}, 웹 기반으로^{Online} 학습 목표를 위해 구성된 강좌^{Course}를 말한다. 국가평생교육진흥원에서 2015년 10월에 서비스를 시작하여 2019년 기준 116개 대학, 735개 강좌가 개설되고 있으며 학점은행제를 통해서 학점을 인정을 받을 수 있다(http://www.kmooc.kr/about_st/).

K-MOOC 강좌 개발 운영 가이드라인(교육부, 2016)에 따르면, K-MOOC 운영 튜터의 업무는 교수자 대상 지원과 학습자 대상 지원으로 구분할 수 있다. 구체적으로 살펴보면, ① 교수자의 강좌 개발·운영 지원, ② 교수자의 평가 활동 지원, ③ 강좌 모니터링, 학습자의 과제관리 등 교수-학습 지원, ④ 학습자가 참여하는 게시판 활동에 대한 모니터링과 피드백 제공 등 학습자의 참여도 제고를 촉진하는 역할을 수행하고 있다.

남창우, 조다은(2019)은 학습자의 학습 촉진을 위한 운영 튜터^{tutor}의 역할로, ① 교수자 역할, ② 수업 촉진자 역할, ③ 교육 행정가 역할로서 튜터의 구체적인 직무를 제시하였다. 첫째, 교수자로서 튜터의 역

할은 개강 전 수강 안내 및 학습 개요와 학습 목표를 전달하고, 강좌가
진행되면서 수강생들의 학습 내용 관련 질문에 답변하며 토론, 과제
관리와 시험, 과제 평가 활동을 수행한다. 둘째, 수업 촉진자로서 튜터
는 학습자의 수업 참여도를 높이기 위해 학습자에게 주차별 수강 안내
이메일을 보내거나, 퀴즈, 토론 등의 참여 독려를 위해 학습자와 의사
소통을 시도한다. 셋째, 교육 행정가로서 튜터는 학사과정에서 필요한
공지사항, 이수증 발급 등의 행정적 업무를 처리하며 수강신청, 학습
과정에서 발생하는 시스템적 문제를 학교기관에 전달하는 역할을 수
행한다.

표 4-1 K-MOOC에서 학습촉진을 위한 운영튜터의 역할 모형

역할	세부 역할
교수자 역할	개강 전 수강 안내 및 학습 개요, 학습 목표 전달(메일)
	토론, 과제 관리 및 평가
	강좌 모니터링 및 강좌 피드백
	수강 중 학습 내용과 관련된 질문 답변
수업 촉진자 역할	참여도 제고를 위한 안내(퀴즈, 토론 등)
	학습 일정에 따른 이메일 발송(주차별 수강 안내)
	의사소통 참여 촉진
교육 행정가 역할	학생의 시스템 문제를 학교담당자에게 전달
	게시판을 이용해 학습자들이 학습 과정에서 어떤 어려움을 겪고 있는지 정기적으로 검토
	공지사항 업로드
	종료 후 이수증 발급 안내
	진도율 또는 성적 모니터링

출처: 남창우, 조다은(2019).

3) 이러닝에서 온라인 튜터는 어떤 역량이 필요한가?

주영주와 김지연(2003)은 이러닝 환경에서 튜터[tutor]의 역할을, ① 교수-학습 활동 조력자, ② 학습관리자, ③ 준(準)내용전문가, ④ 상호작용 촉진자, ⑤ 사회적 관계 조직자로 구분하였다. 각 역할별 온라인 튜터의 역량을 〈표 4-2〉에 정리하였다. 튜터의 역할에서 공통적으로 높게 요구되는 역량은 '의사소통능력'이었으며 '학습자 요구 분석능력' '준내용전문성' '이러닝에 대한 이해' '문제해결력'이 중요한 역량으로 나타났다.

표 4-2 이러닝 튜터의 역할별 역량

역량 / 역할	1 교수-학습 활동 조력자	2 학습 관리자	3 준 내용전문가	4 상호작용 촉진자	5 사회적 관계 조직자
1 학습자 요구 분석능력	●				●
2 준내용전문성	●		●		
3 의사소통능력	●	●		●	●
4 온라인 학습 평가능력	●				
5 인지적/정의적 전략에 대한 전문성	●				
6 사회적 관계 형성능력	●				
7 이러닝에 대한 이해	●	●			
8 책임감	●				
9 과정 관리 능력		●			
10 학습관리시스템 사용 및 관리 능력		●			
11 시간 관리능력		●			

12	문제해결력		●	●		
13	정보활용능력			●		
14	상호작용 촉진능력				●	
15	CMC(Computer Media-ted Communication full name) 활용능력				●	
16	대인관계능력					●
17	기획력					●

출처: 주영주, 김지연(2003).

3. 성공적인 이러닝 교수 설계의 전략

이러닝을 성공적으로 운영하기 위해서는 학습자의 중도탈락 위험을 잘 파악하고 해결해야 한다. 학습자의 중도탈락을 극복하기 위한 교수 전략으로, ① 학습자의 어려움과 가능성을 파악하기, ② 질 높은 수업 활동과 구조화된 지원을 제공하기, ③ 환경적 이슈와 정서적 어려움을 잘 다루기를 제시하였다(Lee & Choi, 2012).

첫째, 학습자의 어려움과 가능성을 파악하기 위한 구체적인 전략으로 이러닝 강좌가 시작하기 전에 학습자의 출발점 수준을 측정하여 확인하는 것이다. 예를 들어, 컴퓨터 활용능력을 평가(Ivankova & Stick, 2007; Liu et al., 2009)하거나, 통제소재[locus of control2)] 수준을 측정하는 방

2) 통제소재(locus of control)는 사회심리학에서 제시한 개념으로, 살아오면서 자신의 영향력 밖에 있는 외력(external forces)에 대항하여 사건의 결과를 스스로 통제해 왔다고 믿는 정도를 말한다. 한 개인의 위치(locus)는 개인이 자신의 삶을 통제할 수 있다는 믿음에 해

법(Parker, 2003)이 있다. 학습자의 이러닝 학습 준비도에 따라 교수자와 운영자는 학습자의 요구에 맞는 수업 계획과 지원 서비스를 제공할 수 있다.

둘째, 성공적인 이러닝을 위한 교수 설계에는 교육과정, 내용 선정 및 수업 자료 준비, 전달 전략, 학습 활동 계획, 상호작용 유형 및 정도 결정, 강좌 관리 등이 포함된다. 학습 동기를 북돋으며 학습자 주도성을 촉진하기 위해 팀기반 학습 등 상호작용적이며 흥미로운 학습 활동을 포함하여야 한다(Bocchi et al., 2004; Pigliapocp & Bogliolo, 2008). 강의 내용이 학습자 경험과 흥미를 반영하여 학습자 배경 지식과 관심을 자극하여 적극적 참여를 유도하여야 한다(Ivankova & Stick, 2007). 정보 전달 전략으로 학습 내용의 제시는 상호작용적이고, 유연하고, 학습자 주도적으로 쉽게 접근할 수 있어야 한다(Morris et al., 2005; Perry et al., 2008). 교수자는 학생들의 질문에 시기적절하게 응답하고 체계적인 지원을 제공하여야 한다(Clay et al., 2009; Tello, 2007).

셋째, 학습자의 환경적 문제는 교수자나 원격교육 기관에서 조절할 수 없는 외부적 변수이지만 학습자가 어려운 환경을 극복하는 데 도움을 줄 수 있는 지원 전략을 제시하고자 한다. 학습자의 어려움과 요구를 사전에 예측하여 적절한 지원 서비스를 제공하고, 학습자의 정서적, 사회적 문제 등 개인 이슈에 관한 상담 서비스의 업무 수행에 교육과 훈련이 필요하다(Castles, 2004; Perry et al., 2008).

당하는 '내적 통제위치(internal locus of control)'와 개인이 영향을 끼칠 수 없다거나, 기회나 운이 삶을 통제한다는 식의 외부 요소에 의해 삶이 통제된다고 믿는 '외적 통제위치(external locus of control)'로 구분된다(위키백과).

◉ 원격수업 준비 교사용 자가 점검 체크리스트 ◉

(1) 무엇을^what(가르쳐야 하는 내용)

범주	내용	자가 점검 리스트	확인
교육 리더십과의 연계	무엇이 가장 적합한 학습 내용인지 교육 리더십과 연계가 필요하다. 교육 과정, 정책 또는 지침에 대한 변경 사항이 있는지 지속적으로 확인해야 한다.	✓ 나는 교육당국으로부터 수업 시간에 무엇을 가르쳐야 할에 대한 공식 가이드라인을 받았나요? 어떻게 찾아볼 수 있나요? ✓ 가이드라인에 대한 변경 사항이 발생한다면, 나는 이것을 어떻게 확인할 수 있나요? 공식 또는 비공식적인 채널이 사용되고 있나요? 제가 참석해야 할 회의나 토론 그룹이 있나요? ✓ 다른 교사들은 지금 어떻게 하고 있나요? 진행되고 있는 논의가 있나요? 제가 참석해야 하나요? 어떻게 하나요?	
교육 과정 검토	교사와 학생은 이용 가능한 자원을 활용하고 정부지침을 따르면서 다음과 같이 대응할 수 있다. a) 정규 교육 과정을 최대한 이수한다. b) 핵심 지식 및 스킬 위주로 다룬다. c) 학생들이 현 상황을 이겨 낼 수 있는 활동 및 내용에 집중한다.	✓ 가이드라인이 없는 경우에 제가 가르쳐야 할 내용에 대해 어느 정도까지의 독립성을 가질 수 있나요? 조언 및 지원을 받을 수 있는 곳이 있나요? ✓ 교육과정 전체 이수를 목표로 할지, 중요 지식 및 스킬만을 다룰지, 아니면 학생들이 웰빙 중 어디에 집중해야 하나요? ✓ 이러한 시나리오에 관하여 준수해야 하는 공식 지침 또는 추천 자료가 있나요? 지침이나 추천 자료가 없다면 누구에게 도움을 받아야 하나요? ✓ 어디에서 시작해야 하나요? 학생들과 이전에 배운 내용을 복습해야 하나요? 먼저 수립해야 하는 스킬이 있나요?	

(2) 누가Who(학습 프로파일, 학생들이 니즈와 현 상황)

범주	내용	자가 점검 리스트	확인
학습 프로 파일	학생들과 학생들의 학습 방식에 대해 잘 이해하면 연적학 습 경험을 보다 효과적으로 설계하는 데 도움이 된다.	✔ 휴교 전에 어떤 학생이 학업에 잘 대처하고 있었고 누가 어려움을 겪었나요? 이유는 무엇인가요? ✔ 학생들에게 어떤 교수 전략과 학습 활동이 가장 효과가 있었나요? 어떤 차별화 또는 개인화 전략이 가장 효과적이가요? ✔ 어떤 학생이 독립적으로 학습할 수 있나요? 반면, 더 많은 지도와 원격 학습 지원이 필요한 학생은 누구인가요? ✔ 어떤 학생이 비그놀로지를 능숙하게 사용하나요? 반면, 더 많은 도움을 필요로 하는 학생은 누구인가요? ✔ 어떤 학생이 다른 학생들에게 학습 활동 또는 비그놀로지에 관하여 도움을 줄 수 있나요?	
현 생활 및 니즈	학생들의 가정환경과 심리 사회적 상태를 일반 현실적인 학습 목표를 설정하는 데 도움이 된다.	✔ 학생들이 어디에 있고, 어떤 가정환경 속에 있나요? 학생들이 안전한가요? 기본적인 생활 요건은 충족되고 있나요? ✔ 학생들의 감정적 또는 정신적 상태는 어떤가요? 불안해하거나 두려워하고 있지는 않나요? 학생 가정이나 지역 사회 내에 충분한 지원 네트워크가 있나요? ✔ 원격 학습을 위한 접근성이 확보되어 있나요? 어떤 비그놀로지가 얼마나 자주, 어떤 비용으로 사용되고 있나요? 학생들은 학습 자료에 어떻게 접근할 수 있나요? 학생들은 어떻게 서로 소통하나요? 접근성 측면에서 가장 도움이 필요한 학생은 누구인가요? ✔ 부모나 가족 구성원이 학업에 도움을 줄 수 있나요? 어떤 학생이 더 많은 지도와 지원을 필요로 하나요?	

| 가족 지원 | 학생들이 원격 학습을 수행함에 있어서 학부모와 보호자는 의심할 여지없이 큰 역할을 한다. 하지만 이들은 훈련 받은 교사가 아니며 집에서 다른 힘든 일을 처리하면서 도전적인 과제를 수행하고 있다는 것을 명심해야 한다. 이들에게도 많은 지도와 격려가 필요하다. | ✓ 학부모와 보호자에게 무엇을 요구할 수 있나요? 그들은 얼마만큼의 역량을 가지고 있나요? 그들에게 요청한 일들이 역량 범위 안에 있는지 어떻게 확인할 수 있나요?

✓ 기대치를 어떻게 관리하나요? 처음에 학부모와 보호자에게 어떤 정보와 지침을 제공해야 하나요? 또한 어떤 리소스와 도구를 제공해야 하나요?

✓ 어떻게 그리고 얼마나 자주 의사소통할 건가요? 어떻게 서로 피드백을 주고받나요?

✓ 어떻게 그룹을 지원하나요? 어떻게 그룹을 격려하고 동기를 부여할 수 있나요? |

(3) 어떻게HOW(학습 설계 및 실행)

범주	내용	자가 점검 리스트	확인
교사 자가 평가	교사들은 창의적이고 융통성이 있어야 하며, 좋은 가르침과 포괄적 학습의 원칙을 지켜야 한다.	✓ 학교 휴교 결과, 교사로서의 역할은 어떻게 바뀌었나요? 본인은 신체적, 지적, 정신적, 정서적으로 변화되는 역할을 수행할 준비가 되어 있나요? 원격교육에 대한 본인 감이나 두려움은 없나요? 이 상황에 더 잘 대처하기 위해 무엇을 할 수 있나요? ✓ 어떤 비교로봇지와 자원을 이용할 수 있나요? 그것들을 활용하는 데 불편함이 없나요? 더 높은 접근성을 위해 어떻게 해야 하나요? ✓ 원격교육을 위한 추가 훈련이 필요한가요? 어떤 훈련을 어떻게 받을 수 있나요? ✓ 어떤 도구와 자원을 만들거나 준비해야 하며 얼마나 많은 시간이 필요하나요? 과제의 우선순위는 어떻게 정하나요?	
교사 지원	원격으로 가르치는 것은 쉽지도 바람직하지도 않으며 혼자서 할 필요도 없다. 필요한 지원을 찾아야 한다. • 전문적 지원 • 정서적 지원 • 기술적 지원	✓ 나에게 어떤 지원이 필요한가요? ✓ 핫라인, 헬프데스크 또는 온라인 그룹과 같은 교사 지원을 위한 공식 채널이 있나요? ✓ 어디에서 이러한 정보를 얻나요? ✓ 내가 알아야 할 비공식 지원 그룹이 있습니까? 우리 학교 교사들 중에도 있나요? 어떻게 지원 그룹을 찾을 수 있나요? ✓ 학교 또는 다른 학교의 교사들과 함께 자체 지원 그룹을 구성해야 하나요? 어떻게 그들과 연락하나요?	

| 자원
조달 | 대면 학습에서 원격 학습으로 전환하면서 전략과 자료를 어떻게 적용해야 하는지 생각해야 한다. 고려해야 할 중요한 요소 중 하나는 교사와 학생이 이용할 수 있는 자원이다. | ✔ 나와 학생들은 어떤 테크놀로지와 플랫폼, 도구와 자원을 이용할 수 있나요? (인쇄, 오디오/라디오, 비디오/TV, 컴퓨터 기반, 인터넷 기반, 전화 기반)
–다수의 학생이 사용할 수 있는 것은 무엇인가요?
–의사소통, 강의, 토론, 업무 공유 및 평가에 가장 사용하기 쉬운 것은 무엇인가요?
–전화, 컴퓨터, 인터넷을 사용할 수 없는 학생은 누구인가요?
✔ 원격 학습에 어떤 교수−학습 자료를 적용할 수 있나요? 사용할 수 있는 공개 교육 자료가 있나요? 자료 수준이 높고 접근성이 안전한 자료인지 어떻게 알 수 있나요? |

범주	내용	자가 점검 리스트	확인
학습 구성	원격 학습을 구성하는 방법은 강의 내용, 강의 대상, 자신의 역량 및 사용 가능한 자료에 따라 다르다.	• 시나리오 A: 표준 커리큘럼에 따른 완전하고 체계적인 수업 • 시나리오 B: 핵심 지식 및 스킬에 집중한 완전하고 체계적인 수업 • 시나리오 C: 현 상황을 극복하는 것을 도와주기 위한 선택적 교육 내용 **원격 교실 개설** • 얼마나 오래 그리고 자주 수업을 진행해야 하나요? 어떻게 서로 소통하나요? 비용을 고려해야 하나요? 수업은 양방향(synchronously), 일방향(asynchronosouly) 아니면 이 두 방식을 혼합해서 진행하나요?	
교육 구성	**시나리오 A 및 B: 완전하고 체계적인 수업** 원격교육을 위해 대면 수업 계획을 재구성해야 한다.	**강의 및 자료** • 수업 및 표기체 대비 이선을 수정해야 하나요? • 나에게 필요한 다른 자료는 무엇인가요? **학습 활동 및 과제** • 학생 스스로든 모든 부모나 보호자의 도움을 받아서든 학업 성취를 위해 이전 수업 활동을 더 단순화시키거나, 새롭게 만들어야 하나요? • 자기 주도, 발견, 질문 및 협업을 통해 학습 과정에 대한 학생 스스로의 주인의식을 어떻게 고취시킬 수 있나요? • 각각의 활동을 하는 데 학생들에게 얼마나 시간을 줄 것인가요? • 학생들은 개인으로 혹은 그룹으로 활동을 하나요?	

교육 구성	
과목 구성	**시나리오 A 및 B: 원격학교 체계 적인 수업** 원격교육을 위해 대면 수업 계획 을 재구성해야 한다.

과실리테이션

- 학생들이 학습지도를 어떻게 하나요? 1대1, 소그룹, 또는 전체 학급 중 어떤 학급을 어떤 방식으로 하나요?
- 학부모나 보호자에게 어떤 작업을 맡길 것이며 학생들이 참여하고 학습에 진전을 보이도록 부모나 보호자들과 어떻게 효과적으로 협업하나요?

심리·사회적 웰빙

- 학생들이 원격 학습의 어려움을 겪을 때 정신적, 정서적으로 어떻게 지원하나요?
- 얼마나 많은 과제를 주어야 하나요?
- 그들의 심리·사회적 웰빙과 교육과정 요구 사이의 균형을 맞추는 방법은 무엇인가요?
- 학부모와 보호자들과 어떻게 협업해서 이 균형을 맞출 수 있나요?
- 더 잘 대처할 수 있도록 어떤 자료와 도구를 제공할 수 있나요?
- 특히 어려움을 겪고 있는 학생들을 위해 어떤 조치를 취해야 하나요?

포용

- 모든 학생이 원격 학습에 참여할 수 있도록 하려면 어떻게 해야 하나요?
- 인터넷이나 전화를 이용할 수 없거나 제한적인 학생이 있나요?
  - 있다면, 어떻게 그리고 얼마나 자주 학생들과 소통해야 하나요?
  - 어떤 대안적인 강의, 자료, 활동 및 평가를 준비해야 하나요?
  - 학습을 촉진하고 정신적, 정서적으로 지원하며 진행 상황을 확인하려면 어떻게 해야 하나요?
  - 학부모, 보호자, 교장과 함께 어떤 대체 조치를 취해야 하나요?

| 교육 구성 | **시나리오 C: 선택된 학습 내용 및 활동**

시나리오 A 및 B처럼 동일한 질문에 중점을 두고 현재 상황에서 도 단서들을 지원하는 것이 주 목표이다. | • 훈련, 불안 또는 두려움을 다루는 데 도움이 되는 방식으로 학생들과 현재의 재난에 대해 어떻게 이야기하고 있나요?
• 적절한 자원, 도구 및 활동들 중에서 학생들에게 재난에 대한 이해도를 높이고, 일상 생활에 대한 느낌을 얻고, 또 스스로 안전하다고 느끼게 할 수 있는 방법은 무엇이 있 나요?
• 학생과 학생 가족에게 더 많은 스트레스를 주지 않으면서 얼마나 많은 과제를 어떤 페 이스로 줄 수 있나요?
• 이러한 목표를 달성하기 위해 학부모 또는 보호자와 가장 잘 협력할 수 있는 방법은 무엇이 있나요?
• 학생들에게 더 많은 관심을 가지고 호응하며, 이들에게 힘이 되기 위해서 내가 어떤 것을 더 잘 접할 수 있나요? |
| 학생 지원 및 피드백 | 각 단계에서 다음과 같은 지원을 계획하고 실현한다.
수업 전: 활동과 과제를 명확하게 하고 기대치 관리
수업 중: 학습 진행 상황을 모니터링, 지속적인 피드백과 지원을 제공
수업 후: 총괄평가와 학습에 대한 피드백 제공 | • 어떻게 하면 학생들이 가장 잘 배울 수 있도록 도울 수 있나요?
• 다양한 학습과제를 학생들에게 언제 주기 위해서 어떤 도움을 주어야 하나요?
• 어떤 소통 채널을 사용해야 하나요?
• 학생들에게 적시에 피드백을 제공하려면 어떤 도구를 최대로 사용해야 하나요?
• 정신적, 정서적으로 학생들을 어떻게 지원하나요?
• 학생들이 참여하고 배우도록 동기를 부여하기 위해선 어떻게 해야 하나요?
• 학생들이 걱정과 두려움을 극복하도록 어떻게 도울수 있나요?
• 학생들이 서로 배우고 도와줄 수 있도록 어떻게 격려하나요? |

평가	평가는 학습 활동을 목적으로 계획되어야 할 뿐 아니라 학습 활동에 포함되어야 한다. 이를 통해 학생의 학습 진행 상황을 모니터링하고 촉진할 수 있으며 학생이 자신의 학습을 스스로 관리할 수 있도록 도와준다. 또한 교사는 학습 결과를 평가하는 방법에 대해서도 생각해야 한다. 궁극적으로 어떤 평가 방법을 사용하는가는 학습 목표에 따라 좌우된다.

형성 평가

- 학생들이 학습 진도를 원격으로 모니터링, 평가 및 촉진하는 방법은 무엇인가요?
- 이를 위해 학습 활동에 어떤 작업을 포함시킬 수 있나요?
- 학생들에게 정기적인 피드백을 제공하고 학습 목표에 맞게 학업을 유지할 수 있도록 어떤 도구를 사용할 수 있나요?
- 학생들이 무엇을 배우고 있는지에 대해 되새기고 이러한 통찰을 학습 친구들과 교사에게 전달할 수 있도록 어떤 과제를 줄 수 있나요?

총괄 평가

- 학생들이 학습 결과를 원격으로 평가하려면 어떻게 해야 하나요?
- 어떤 총괄 평가 도구를 사용할 수 있나요? 이 도구를 사용하는 장단점은 무엇인가요?

출처: Teacher's guide for remote Learning during school closures and beyond. Foundation for Information Technology Education and Development, 2020

코로나바이러스 감염이라는 전 세계적 공황 속에 교사들은 학업을 재개, 지속하기 위해 빠르고 현명한 의사결정이 필요하였다. 캐나다의 국제 개발 연구 센터International Development Research Centre: IDRC는 학습 손실을 완화하고 현실적으로 달성 가능한 원격교육 지원을 위해 교사를 위한 원격수업 준비 체크리스트를 제시하였다. 원격수업 설계를 위해 고려할 세 가지 주제로, ① 무엇을What(내용), ② 누가Who(학습프로파일, 현 상황과 니즈), ③ 어떻게How(학습 설계 및 실행)가 있다. 원격 학습을 구성하는 방법은 강의 내용, 대상에 따라 시나리오를 크게 세 가지로 나눠 볼 수 있다. 시나리오 A는 표준 커리큘럼에 따른 완전하고 체계적인 수업, 시나리오 B는 핵심 지식 및 스킬에 집중한 완전하고 체계적인 수업, 시나리오 C는 현 상황을 극복하는 것을 도와주기 위한 선택적인 교육 내용으로 구성된다.

핵심 요약

- **이러닝 환경에서 교수자**는 면대면 수업 환경과 달리 학습자의 반응을 즉각적으로 알기 어렵고 상호작용이 원활하지 않으므로 학습자의 반응을 예측하고 대응하는 전략, 테크놀로지 활용 역량이 필요함. 이러닝 환경에서 교수자는, ① 내용 관리, ② 학습자 학습 과정 검토, ③ 학습자 지원, ④ 이러닝 효과 평가의 네 가지 역할을 수행하여야 함.

- **온라인 튜터**는 학습자의 원격교육 환경에 적응을 돕고 학습 과정에서 발생하는 문제를 해결할 수 있도록 도움을 제공하는 사람으로 교수자와 학습자의 중간 매개자로서의 역할을 함. K-MOOC 운영 가이드라인에 따르면 튜터는 교수자의 강좌 개발 및 운영 지원, 교수자의 평가활동 지원, 과제 관리 및 교수-학습 지원, 학습자의 참여도 제고를 촉진하는 역할을 함.

- 온라인 튜터의 역할에서 공통적으로 높게 요구되는 역량은 '의사소통 역량'이며, 기타 중요 역량으로 '학습자 요구 분석능력' '준내용전문성' '이러닝에 대한 이해' '문제해결력'이 있음.

- 이러닝을 성공적으로 운영하기 위해 학습자의 중도 탈락 위험을 잘 파악하고 해결해야 함. 이를 해결하기 위한 교수 전략으로 '학습자의 어려움과 가능성 파악하기' '질 높은 수업 활동과 구조화된 지원 제공하기' '환경적 이슈와 정서적 어려움을 잘 다루기'가 요구됨.

도움이 되는 온라인 자료

- 동상이몽? 교수, 학생, 튜터가 생각하는 온라인 튜터링 https://s-space.snu. ac.kr/bitstream/10371/37331/1/%ea%b0%80%eb%a5%b4%ec%b9%a8%e a%b3%bc%eb%b0%b0%ec%9b%80%2020%ed%98%b8(%ec%9d%b4%eb %9f%ac%eb%8b%9d%ed%8f%ac%ec%bb%a4%ec%8a%a4).pdf.

- 디지털 튜터 본격 배치, '양질의 수업 영상 제공'(서울경기케이블TV) https:// www.youtube.com/watch?v=IfGFLxFPvd8.

- 원격교육에서의 교수자(케이스터디한국원격평생교육원) https://youtu. be/30xHXkSMUzU.

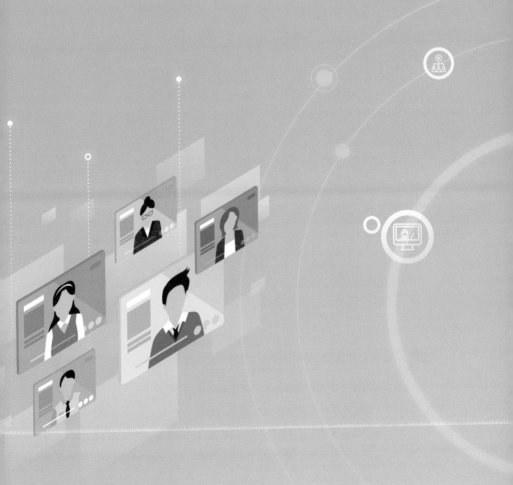

제5장
이러닝 플랫폼과 에듀테크 도구

이 장의 초점 질문

- 이러닝 플랫폼, 학습관리 시스템(LMS)은 무엇인가?
- 학습관리 시스템(LMS)에는 어떤 기능이 있는가?
- 이러닝 플랫폼의 종류는 어떤 것이 있고 각각의 특징은 무엇인가?
- 이러닝 상호작용성을 높이기 위한 에듀테크 도구는 무엇이 있고 어떤 특징이 있는가?

1. 이러닝 플랫폼과 기능

1) 이러닝 플랫폼, 학습관리 시스템은 무엇인가?

플랫폼platform은 'plat'과 'form'이 합쳐져 형성된 단어로 '구획된 땅의 형태'라는 뜻이다. 쉽게 설명하면 빈 땅에 구획을 나눠 특정한 용도에 따라 사용할 수 있는 '공간'을 지칭한다. 이러닝이 이루어지기 위해서는 교수자와 학습자가 교수-학습 콘텐츠와 자료를 웹상에 공유할 수 있는 공간이 필요하다. 이렇게 학습 콘텐츠와 수업 자료가 공유되고 학습 안내 공지, 시험, 토론, 과제 제출 등 학습 진행을 관리하며 학습자의 학습 활동 정보를 제공하는 시스템을 '학습관리 시스템Learning Management System: LMS'이라 부른다. 학습관리 시스템은 이러닝뿐만 아니라 오프라인 수업을 지원하는 디지털 도구로도 널리 활용되고 있다.

1세대 LMS가 학생과 교수자, 강좌, 성적 등과 같은 교육 과정의 전반적인 관리 기능에 초점을 두었다면, 2세대 LMS는 콘텐츠 생성 및 관리 그리고 소통이 주요 기능으로 강조되고 있다(윤대균, 2019).

2) 학습관리 시스템에는 어떤 기능이 있는가?

학습관리시스템^{LMS}은 지원 대상에 따라, ① 교수자 모드, ② 학습자 모드, ③ 관리자 모드로 나누어 볼 수 있다. 교수자 지원을 위한 LMS의 기능은 교수자가 온라인 강좌 개설을 준비하고 진행을 위한 운영 지원 기능을 포함한다. 구체적으로 살펴보면 강좌 개설 기능(강의계획서, 공지사항, 강의목록), 학습자 정보 제공(출석, 진도, 참여, 과제 제출 관리), 성적 및 평가 기능(시험 출제, 채점, 과제 및 성적 산출), 상호작용 지원 기능(메일, 쪽지, 채팅, 토론방, 설문, 자료 공유), 콘텐츠 개발 지원 기능이 포함된다.

학습자 지원을 위한 LMS의 기능은 이러닝 강의를 수강하면서 학습 과정에 필요한 학사 관리 기능(수강신청, 강의계획서 확인, 공지사항, 출석, 성적 확인)을 비롯하여 시험, 과제, 상호작용 기능을 시스템에 포함한다.

관리자 지원을 위한 LMS 기능은 행정적 지원의 역할을 수행한다. 이러닝 과정의 교육과정, 강좌 목록, 콘텐츠 등록을 위한 데이터 관리 및 학습자 수강 정보, 상담 내역, 학사관리를 포함한다. 최근의 빅데이터, 인공지능 기술이 발전함에 따라 학습자의 학습 과정과 진행에 관한 현황 정보를 통계화, 시각화하여 제공하는 기능이 강조되고 있다. 또한 학습자의 수강 이력을 분석하여 학습자의 특성에 맞는 맞춤형 콘텐츠나 학습 경로를 추천하는 기능이 제안되고 있다.

표 5-1 학습관리 시스템(LMS)의 주요 기능

교수자 지원	학습자 지원	관리자 지원
• 과목개설 및 관리 기능: 강의계획서, 공지사항, 강의 목록 • 학습 관리 및 평가 기능: 학생 관리, 출석 관리, 진도 관리, 학습 참여 관리, 과제 관리, 시험 관리, 1:1 상담 • 성적 관리 기능: 학업 성취도 종합 평가 및 성적 산출 기능 • 커뮤니티 및 네트워크 관리 기능: 학습자료실, 토론방, 프로젝트방, 설문, 메일, 쪽지, 채팅, 커뮤니티, 블로그 등 • 콘텐츠 개발 및 관리 기능 • 기타 기능: 강의 평가 결과 조회, 조교 관리, 개인 정보 관리 등	• 학습 기능: 강의 수강, 강의계획서, 공지사항, 출석 관리, 학습 관리, 성적 확인 • 시험 기능: 시험 응시, 퀴즈 응시, 오답노트, 부정행위 방지 등 • 과제 기능: 과제 제출, 확인, 첨삭 지도 • 커뮤니티 및 네트워크 기능: 학습자료실, 토론방, 프로젝트방, 설문, 메일, 쪽지, 채팅, 커뮤니티, 블로그 등 • 기타 기능: 개인 정보 관리, 학사 지원 기능 등	• 교수자 지원, 학습자 지원 영역 전체 관리 기능 • 강의실 관리 기능 • 교육과정 관리 기능: 과정 정보 관리, 콘텐츠 및 교재 등록 • 학습 운영 및 수강 관리 기능: 학습 정보 관리, 수강 진행 관리, 권한 관리 등 • 운영자 지원 기능: 사용자 관리, 콘텐츠 관리, 커뮤니티 관리, 상담 관리, 학사 관리, 각종 통계 관리, 모니터링 기능

출처: 박종선(2013). p. 52 재구성.

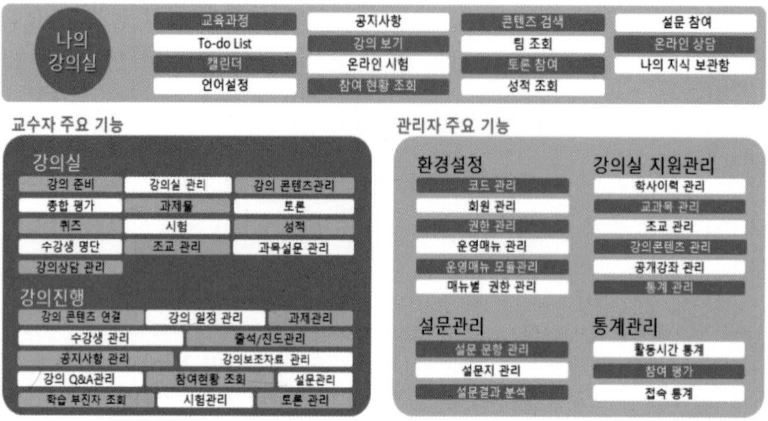

그림 5-1   지원 대상에 따른 학습관리 시스템(LMS)의 주요 기능 예시

출처: www.jinotech.com

2. 이러닝 플랫폼의 유형과 특징

1) 이러닝 플랫폼의 종류는 어떤 것이 있고 각각의 특징은 무엇 인가?

이러닝 플랫폼의 종류는 제작 방식에 따라 상용화형과 오픈소스형 으로 구분할 수 있고, 제공 방식에 따라 스마트 캠퍼스형, 콘텐츠 공 유형, 서비스형으로 구분할 수 있다(강인애, 진선미, 배희은, 2016)(〈표 5-2〉 참조). 먼저, 제작 방식을 기준으로 상용화형 LMS는 기관의 요구 조건에 따라 다양한 서비스와 기능을 구축하며, 개발기간이 짧고 유지 보수가 잘 이루어지나 비용이 높게 책정되는 단점을 지니고 있다(유재 택, 정의석, 유인식, 2012). 상용화형의 대표적인 예는 블랙보드^{blackboard}

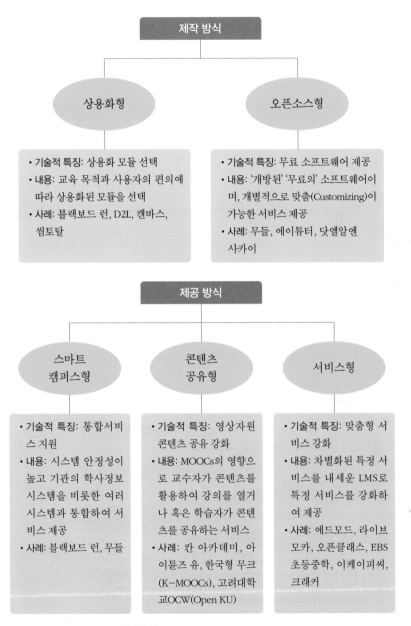

그림 5-2 LMS 유형 분류 및 기술적 특징

출처: 강인애, 진선미, 배희은(2016).

와 클라우드기반 캔버스^{canvas}가 있다. 한편, 제작 방식에서 오픈소스를 활용한 맞춤형 방식은 초기 개발 비용이 적고 기술적 유연성이 높아 변화에 적응력이 좋다(유인식, 오병주, 2012). 대표적인 LMS는 무들^{moodle}과 사카이^{sakai}가 있다.

제공 방식에 따른 이러닝 플랫폼 유형은 스마트캠퍼스형, 콘텐츠 공유형, 서비스형이 있다. 스마트캠퍼스형 LMS는 학습 관리, 학사 관리, 전자도서관 등 기관에 여러 시스템을 통합하여 단일 브라우저로 제공하는 유형으로 대표적인 예로 블랙보드 런$^{blackboard\ learn}$이 있다. 콘텐츠 공유형 LMS는 오픈교육자료$^{Open\ Educational\ Resource:\ OER}$ 플랫폼으로 강의 동영상, 교안, 참고 자료 등 수업 자료가 무료로 공유되는 서비스가 제공된다. 대표적인 예로 KOCW$^{Korea\ Open\ Course\ Ware}$, 칸 아카데미$^{Khan\ academy}$를 들 수 있다. 마지막으로, 서비스형 LMS는 특정 학습 대상을

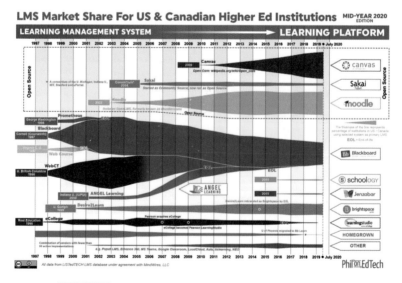

그림 5-3 ┃ LMS 시장 점유율(미국, 캐나다 고등교육기관 기준)

위해 맞춤형 차별화된 기능을 제공하는 플랫폼이다. 예를 들어, 라이
브 모카^{livemocha}는 원하는 언어를 배우고 싶은 학습자를 1:1로 매칭하여
학습을 지원한다.

코로나19 팬데믹으로 초 · 중등학교 원격교육에서 많이 활용된 플
랫폼으로 정부주도 개발 공공형 플랫폼과 해외개발 글로벌 플랫폼을
소개하고자 한다. 정부주도 공공형 플랫폼으로 EBS 온라인 클래스,
e-학습터, 위두랑이 있다. 해외 글로벌 기업이 개발한 플랫폼으로 구
글 클래스룸$^{google\ classroom}$, 마이크로소프트 팀즈$^{microsoft\ teams}$, 화상회의 솔
루션인 줌^{zoom}이 있다. 대학 등 고등교육기관에서 많이 사용하는 플랫
폼으로 무들^{moodle}, 캔버스^{canvas}, 블랙보드^{blackboard}가 있다. 한편, 소셜 네
트워크 서비스$^{Social\ Network\ Service:\ SNS}$ 기반 플랫폼으로 클래스팅^{classting}과
스쿨로지^{schoology}가 많이 활용되고 있다. 대표적인 원격수업 플랫폼의
기능적 특징을 정리하면 〈표 5-2〉와 같다.

표 5-2 원격수업 플랫폼 비교

플랫폼	특징	장점	단점	가입 방법
e학습터	사이트 내 공유평가지, 자체 제작 평가지	진도율 및 평가 점수를 기준으로 이수 여부 설정	강의 주제 속 업로드된 콘텐츠 수정 불가	개별 가입, 일괄 가입
EBS 클래스	EBS 자체 강의 영상 활용	OX 퀴즈, 객관식, 토론 기능 제공	단체 아이디 생성 기능 미지원	개별 가입
위두랑	디지털 교과서와 연계한 자기주도적 교육 구현	모둠 단위 활동, 반 단위 과제 부여, 포트폴리오 작성	디지털교과서 중 일부 교과 미지원	개별 가입, 일괄 가입

구글 클래스룸	구글 교육 툴 활용	과정중심 평가에 용이함	교육용 G Suite 계정 자체 생성 불가	개별 가입, 초대/수락
MS팀즈	MS 오피스 365툴 활용	협업에 용이함	단체 아이디 생성 기능 미지원	개별 가입, 초대/수락
클래스팅	소통 커뮤니티	학생, 학부모와 소통	일부 콘텐츠 유료	개별 가입

출처: 박상훈, 김은협, 김태우, 유미경, 양선환(2020).

(1) 원격수업 공공형 플랫폼

① EBS 온라인 클래스(https://www.ebsoc.co.kr)

'EBS 온라인 클래스'는 교사가 학급 단위, 학년 단위, 과목 단위로 클래스를 자유롭게 생성할 수 있다. 학생들의 학습 이력과 진도율을 확인할 수 있고 로그인 이력과 수강 이력을 통해 출결 관리가 가능하다. 2021년에는 실시간 양방향 화상수업 기능을 새로 추가하였다. EBS 콘텐츠와 교사가 자체 제작한 콘텐츠를 편집하여 배포할 수 있다. 조례, 종례 일정을 등록하고 설정한 시간에 활성화하는 기능이 있다.

온라인클래스 2021 교사용 간편 매뉴얼

② e-학습터(https://cls.edunet.net)

'e-학습터'는 17개 시도 교육청에서 개별 운영하였던 사이버 가정학습을 통합한 초등학교, 중학교 학생을 대상으로 한 공교육 온라인 학습 서비스이다. 초등학교 1~6학년, 중학교 1~3학년 학년별, 교과목별(국어, 사회, 수학, 과학, 영어) 학습 동영상과 평가 자료를 보유하고 있으며, 학년별 학습 영상은 로그인 없이도 검색, 시청이 가능하다. 원격수업을 위해 학급 개설이 가능하며, e학습터 콘텐츠뿐만 아니라 외부웹페이지 콘텐츠, 교사 자체 제작 콘텐츠, 퀴즈형 콘텐츠가 등록 가능하다. 다양한 형태의 온라인 활동지를 보조 자료로 제시할 수 있으며, 게시판도 공지형, 사진형(포토앨범형), 설문형, 토론형, 알림장형, 비밀형(상담 게시판)으로 선택하고 활용할 수 있다. 교사는 e-학습터에서 제공하는 문항, 교사가 자체 제작한 문항으로 온라인 평가지를 생성하고, 학습자는 성취도를 확인하고 부족한 부분을 보충하거나 재시험이 가능하다.

③ 위두랑(https://rang.edunet.net/)

'위두랑'은 실시간 토론 및 상호작용을 지원하는 톡톡 대화방을 기능을 보유하고 마인드맵 기능이 있어 협업 도구를 지원한다. 특히 디지털 교과서와 연계 수업이 가능하며, PC뿐만 아니라 모바일 애플리케이션으로도 사용이 가능하다. 과정중심평가를 위한 포트폴리오와 메모/체크리스트 기능을 제공하고 학생들의 설문 응답 및 과제 활동이 누적 기록된다. 유튜브, 엔트리, 에듀넷, 지식백과 등의 외부 학습자료를 검색하여 연결할 수 있는 기능을 제공한다.

(2) 원격수업 글로벌 플랫폼

① google classroom(https://classroom.google.com)

'구글 클래스룸'은 글로벌 기업 구글google이 개발한 클라우드 기반 교육용 웹 서비스로 가입, 학생 관리가 용이하고 직관적 인터페이스를 지니고 있다. 다양한 구글 소프트웨어(캘린더, 메일, 포토앨범, 화상채팅, 문서, 스프레드시트, 프레젠테이션, 설문 등)를 별도의 설치 없이 연동하여 사용이 가능하며, 퀴즈, 루브릭 작성 등 학생 평가가 쉽다는 평가가 있다. 2020년, 코로나19 팬데믹으로 전 세계적으로 많은 학교가 원격교육으로 전환하면서 구글 클래스룸의 이용률은 가파르게 증가하였다.

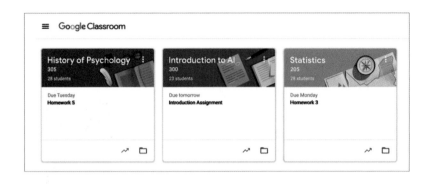

② MS teams(https://www.microsoft.com/ko-kr/microsoft-
teams/group-chat-software)

'팀즈^{teams}'는 마이크로소프트 오피스(예: 워드, 엑셀, 파워포인트 등) 소
프트웨어와 연계, 통합된 도구를 무료로 제공하여 콘텐츠, 자료 공유,
소모임, 대화 등 팀 활동에 필요한 작업 환경 플랫폼을 제공한다. 협력
학습을 위한 실시간 채팅, 화상회의, 활동 피드를 통한 최신 정보 및
히스토리 확인, 파일 공유 드라이브, 메모 기능, 상호작용 이모티콘 사

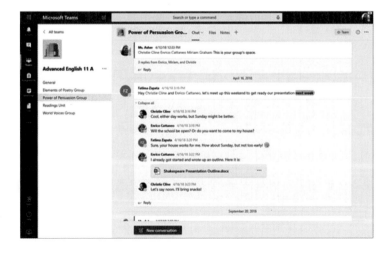

용, 모바일 기기 지원 등 협업 도구 기능을 제공한다.

③ zoom(https://zoom.us)

'줌zoom'은 미국 기업에서 개발한 화상회의 솔루션이다. 코로나19 대유행으로 전 세계적으로 대면 수업에서 원격교육으로 전환되면서 이용자가 급격하게 상승하였다. 화상회의, 채팅, 화면 공유, 파일 전송, 소그룹 회의, 가상배경 선택 기능을 포함한다. PC 이외에도 태블릿, 모바일 기기에서도 쉽게 사용 가능하며 콘텐츠를 업로드하지 않고도 재생, 공유 가능하다.

(3) 고등교육 지원 플랫폼

① moodle(https://moodle.org/?lang=ko)

'무들moodle'은 학습관리시스템LMS 시장에서 전 세계적으로 점유율이 높은 솔루션으로 오픈소스 기반 플랫폼을 제공한다. 오픈소스란 소스 코드를 공개해 누구나 특별한 제한 없이 그 코드를 보고 사용할 수 있는 공개 소프트웨어를 의미한다. 원격 학습, 플립러닝 등 혼합 학습blended learning을 지원하며 사용자들의 요구사항에 맞게 쉽게 수정customizing하여 활용할 수 있는 것이 장점이다. 수료인증서, 화상회의, 표절검사, H5P, 학습 진도 관리 등 다양한 플러그인 설치를 통해 다른 소프트웨어와의 연동과 확장이 유연하며 지원되는 기기와 환경도 다양하다.

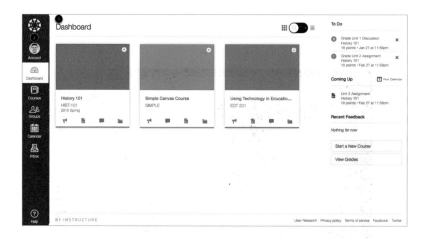

② canvas(https://www.instructure.com/en-au/canvas)
'캔버스canvas'는 미국 인스트럭처Instructure사가 개발한 교수학습 관리 시스템으로 기존 플랫폼에 비해 단순하고 직관적인 인터페이스를 제공하는 특징이 있다. 글쓰기 피드백, 루브릭 평가, 동료 평가 가능하여 교수자의 평가를 편리하게 지원한다. 대시보드를 통해 할 일, 예정 활동 등 일정 관리, 알림 기능이 지원된다. 높은 안정성, 다양한 러닝서비스를 즉각적으로 연동할 수 있는 확장성, 강력한 학습 분석 기능을

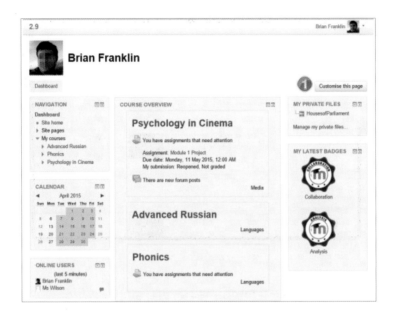

강점으로 지니고 있다. 미주지역 고등교육 LMS는 주로 블랙보드와 무들이 양대 산맥으로 시장의 상당 부분 점유하였는데, 2015년 이후에는 캔버스^canvas가 급격하게 도약하고 있다.

(4) 소셜러닝형 플랫폼

① 클래스팅(classting, https://www.classting.com)

'클래스팅'은 SNS 기능이 특화된 플랫폼으로 학생과 학부모를 초대하여 구성하며 학생, 학부모, 교사로 등급을 나누어 공개 범위를 설정할 수 있다. 자체 화상 수업 도구는 없으나 줌^zoom과 연동하여 양방향 실시간 수업이 가능하다. 게시글을 읽은 학생과 안 읽은 학생을 알려주어 원격수업 참여도 파악이 용이하며, 참여 독려가 필요한 경우 읽

지 않은 학생에게 자동 리마인더 발송이 가능하다. 최근에는 인공지능 기능으로 학습 데이터를 분석하여 성취도 진단, 수준별 문제 추천을 포함한 지능형 튜터링 시스템^{Intelligent Tutoring System: ITS}을 제공하고 있다.

② schoology(https://www.schoology.com)

'스쿨로지^{schoology}'는 수업 관리, 학습자 참여 촉진, 콘텐츠 공유, 교수자 간 협업 등을 지원하는 소셜러닝 기반의 플랫폼이다. 교수자가 과제 게시, 퀴즈 및 추가 자료 링크 제공, 1:1 학습 지도, 단체 토론 작업을 진행할 수 있다. 다양한 질문 문항의 퀴즈 만들기가 가능하며, 자동 채점, 학습자들에 대한 직접적인 피드백 제공 등이 가능하고, 질문 또는 수업별 결과 분석 등을 쉽게 확인할 수 있다는 점이 특징이다.

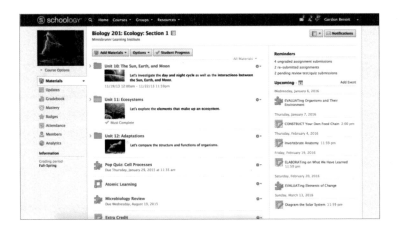

3. 이러닝 상호작용 지원 에듀테크 도구

1) 이러닝 상호작용성을 높이기 위한 에듀테크 도구는 무엇이 있고 어떤 특징이 있는가?

(1) 패들렛(padlet, https://padlet.com)

- 칠판에 포스트잇을 붙이는 것과 비슷한 방식의 온라인 협업 프로 그램
- 게시판을 통해 학생들이 자유롭게 자신의 의견을 나누고 사진, 영 상 등 공유 가능
- 토의, 토론 수업, 조사 학습, 프로젝트 발표 수업 적용 가능
- 별점 주기, 등급, 투표, 좋아요 주기 등 피드백 유형을 제공하여 상황에 따라 활용 가능

| 8가지 유형의 템플릿 제공 | 자유로운 의견과 댓글 쓰기 가능 | 텍스트, 이미지, 동영상 등 다양한 콘텐츠 탑재 가능 |
| 링크를 통한 공유 가능 | 활동 결과 보관 가능 | 다양한 유형의 피드백 가능 |

(2) 멘티미터(mentimeter, https://www.mentimeter.com/)

- 의견 수합을 위한 설문 조사 문항 제작 사이트
- 이미지 선택형, 워드 클라우드, 오픈 채팅형, 랭킹형, 점 분포형, Q&A형 등 다양한 조사 유형을 선택 가능
- 설문 조사에 참여하는 학생들의 실시간 반응을 확인 가능
- 막대그래프, 원그래프, 워드 클라우드word cloud 등의 다양한 유형으로 조사 결과 제시
- 학습 문제 또는 핵심 단어와 관련하여 떠오르는 단어 적기word cloud, 막대 그래프 자료 조사 활동, 토의 및 토론 활동, 조사 활동들과 연계하여 수업에서 활용 가능

멘티미터 퀴즈 제작 화면	워드 클라우드 조사 유형	경쟁형 퀴즈 참여 제작 · 활용 가능

(3) 카훗(kahoot, https://kahoot.com/)

- 학생과 교사가 직접 퀴즈를 만들거나 질문 은행을 활용하여 재사용 및 공유 가능
- 무료 회원은 4지 선다형, O/X 유형의 문제 제작 가능, 유료회원은 다양한 템플릿 제공

카훗 메인 화면	4지 선다형 문제 제작 화면
별도의 로그인 없이 PIN 번호 입력으로 참여 가능	퀴즈 진행 화면 (모바일 참여 화면/전체 스크린 화면)

- 음악, 역사, 과학, 영화, 우주, 수학, 사진 등 주제별 기제작 퀴즈 문제를 제공

(4) 구글 잼보드(google jamboard, https://jamboard.google.com/)

- 구글에서 제공하는 스마트 전자칠판으로 사용자 간 협업을 지원 하는 도구
- 여러 사람이 동시에 접속 작업 가능, 다른 페이지를 추가하는 작 업도 가능
- 포스트잇, 객체(이미지, 표) 삽입, 펜(붓글씨, 형광펜)으로 쓰기 기능 보유
- 드로잉 기능에 자동인식 기능 보유
- 수업 중 브레인스토밍하기나 주제별 분류하기 등의 활동 적용 가능

| 구글 잼보드 메인 화면 | 구글 잼보드에서 링크 공유 가능 |
| 구글 잼보드를 활용한 협업 활동 | 구글 잼보드에서 도형 그리기 |

핵심 요약

- 플랫폼(platform)은 특정한 용도에 따라 사용할 수 있는 공간을 뜻하며, **이러닝 플랫폼**은 이러닝이 이루어지기 위해 교수-학습 콘텐츠와 자료를 웹상에 공유할 수 있는 공간을 의미함.

- 학습관리시스템(Learning Management System: LMS)은 교수-학습 콘텐츠와 자료를 웹상에서 전송, 공유할 수 있는 공간에서 학습 콘텐츠와 수업 자료가 공유되고 학습 안내 공지, 시험, 토론, 과제 제출 학습 진행을 관리하며 학습자의 학습 활동 정보를 제공하는 시스템임.

- 학습관리시스템은 지원 대상에 따라, ① 교수자 모드, ② 학습자 모드, ③ 관리자 모드로 나눠 볼 수 있음. 교수자 모드에서는 강좌 개설 기능, 학습자 정보 제공, 성적 및 평가 기능, 상호작용 지원 기능, 콘텐츠 개발 지원 기능 등이 제공됨. 학습자 모드에서는 학사 관리 기능, 시험, 과제, 상호작용 기능을 포함함. 관리자 모드는 행정적 지원 역할을 수행하며 교육과정 관리 기능, 강의실 관리 기능, 학습 운영 및 수강 관리 기능, 운영자 지원 기능을 추가함.

- **이러닝 플랫폼의 종류**는 제작 방식에 따라 상용화형과 오픈소스형으로 구분되며 제공 방식에 따라 스마트 캠퍼스형, 콘텐츠 공유형, 서비스형으로 구분함.

- 코로나19 팬데믹으로 초·중등학교 원격교육에서 많이 활용된 플랫폼으로는 정부주도 개발 공공형 플랫폼과 해외개발 글로벌 플랫폼으로 구분할 수 있음. **공공형 플랫폼**은 EBS 온라인 클래스, e-학습터, 위두랑이 있으며, 원격수업 **글로벌 플랫폼**은 google classroom, MS teams, zoom 등이 있음. **고등교육 지원 플랫폼**은 moodle, canvas 등이 있고 SNS기반 플랫폼에는 클래스팅과 schoology 등이 있음.

- 이러닝에서 상호작용성을 높이기 위한 에듀테크 도구로 패들렛, 멘티미터, 카훗, 구글 잼보드 등을 활용할 수 있음.

도움이 되는 온라인 자료

- 대구미래 교육원, [쉽게 따라하는 5분 원격수업] 공동작업이 가능한 디지털 화이트보드 구글 잼보드(교사용) https://youtu.be/k9pWM0oUB0Q.

- 대구미래 교육원, [쉽게 따라하는 5분 원격수업] 의견을 모으는 영리한 담벼락 패들렛(교사용) https://youtu.be/c9SO7TBS8M8.

- 대구미래교육원, [쉽게 따라하는 5분 원격수업] 퀴즈로 재미있게 카훗!(교사용) https://youtu.be/PU8ob55JkhM.

- 대구미래교육원, [쉽게 따라하는 5분 원격수업] 학생의 상호작용을 촉진하는 멘티미터 https://youtu.be/qvhbXOBXYnM.

- 린지쌤, 선생님, 매일 이것만 하면 안돼요? 수업맛집 린지쌤 '카훗' 사용기 https://youtu.be/SPqjiI39Dl0.

- 상권쌤, 쉽게 실시간 퀴즈 풀기! 컴퓨터/스마트폰 모두 가능!_ 멘티미터 퀴즈 기능 https://youtu.be/3Je7MVsrDCg.

- 열정김선생TV, 멘티미터 Mentimeter/사용법 https://youtu.be/pfb pavoBjLg.

- 웹뷰어에서 위두랑 자료보기(교사편, 21. 03. 01.) https://www.youtube.com/watch?v=5jx8kple5EY.

- 위두랑 시작하기(교사편, 21. 03. 01.) https://www.youtube.com/watch?v=hL_JrjE2hGk.

- EBS 온클 초간단 사용법/교사용 https://www.ebsoc.co.kr/notice/14.

- Chapter 1 온라인 클래스 가입은 어떻게 하나요? | EBS 온라인클래스 https://www.youtube.com/watch?v=X_bmGDSZR_s.

- e학습터 매뉴얼 안내 https://cls1.edunet.net/cyber/cm/mcom/knowhow. do.

제**6**장

이러닝의 설계와 개발

이 장의 **초점 질문**

- 이러닝 설계는 어떤 과정(course)과 절차로 이루어지는가?
- 이러닝 콘텐츠의 멀티미디어는 어떤 원리로 설계·개발되어야 하는가?
- 대화형 이러닝 콘텐츠는 어떤 전략으로 설계·개발되는가?

1. 이러닝 강좌 설계의 절차

1) 이러닝 설계는 어떤 과정과 절차로 이루어지는가?

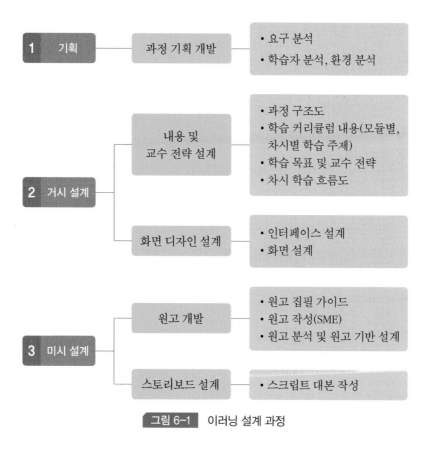

| 1 기획 | 과정 기획 개발 | • 요구 분석
• 학습자 분석, 환경 분석 |

| 2 거시 설계 | 내용 및
교수 전략 설계 | • 과정 구조도
• 학습 커리큘럼 내용(모듈별,
차시별 학습 주제)
• 학습 목표 및 교수 전략
• 차시 학습 흐름도 |
| | 화면 디자인 설계 | • 인터페이스 설계
• 화면 설계 |

| 3 미시 설계 | 원고 개발 | • 원고 집필 가이드
• 원고 작성(SME)
• 원고 분석 및 원고 기반 설계 |
| | 스토리보드 설계 | • 스크립트 대본 작성 |

그림 6-1 이러닝 설계 과정

이러닝 설계의 과정은, ① 이러닝 과정^{course} 기획, ② 거시 설계, ③ 미시 설계 단계로 크게 구성된다.

첫째, '기획 단계'에서는 이러닝 과정 개발이 필요한지에 관한 요구 분석, 어떤 학습자를 이러닝 과정의 주요 대상으로 할 것인지 학습자 분석이 필요하며, 대상 학습자의 교수-학습이 이루어지는 환경에 관한 분석도 수반되어야 한다.

둘째, '거시 설계 단계'에서는 이러닝 과정의 목적에 적합한 교육 내용을 선정하고 체계적으로 계열화한다. 이러닝 과정 전체 구성에 관한 개요를 조직화한다. 전체 학습 과정의 구조와 흐름을 도식화하여 제시

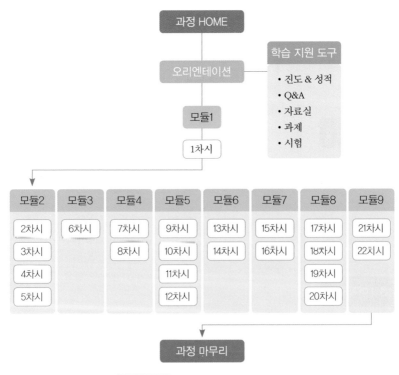

그림 6-2 이러닝 과정 구조도 예시

표 6-1 학습 커리큘럼 내용 예시(신용카드 기초 이러닝 과정, Hanwha S & C)

구분	차시
모듈 1. 신용카드 개요	01. 신용카드란 무엇인가?
모듈 2. 카드 발급	02. 카드 신규 발급
	03. 재발급 및 자동 갱신
	04. 카드 교부 및 반송
모듈 3. 카드 이용	05. 승인제도 및 카드 이용 방법
	06. 카드 이용 한도
모듈 4. 이용대금	07. 연회비
	08. 이용대금 청구 및 회수 (1)
	09. 이용대금 청구 및 회수 (2)
	10. 페이플랜
모듈 5. 고객정보	11. 회원정보 사항 변경
	12. 고객정보
	13. 거래정지 및 신용관리 대상 정보
모듈 6. 국제업무	14. 카드 국제업무
모듈 7. 기업회원	15. 기업카드 일반
모듈 8. 이용대금 이의제기	16. 카드사고의 이해 및 보상 절차
	17. 이용대금 청구보류

한다. 이러닝 과정을 구성하는 모듈, 차시별 학습 주제를 선정한다. 차시별 학습 목표를 서술하고 목표에 적합한 교수 전략을 설계한다. 차시별 학습 목표에 따라 이러닝 콘텐츠도 강의형, 사례기반형, 협력학습형, 문제기반형 등 다양화되며 차시 수업의 학습 활동 흐름을 학습 활동 단계에 따라 설계한다.

이러닝 과정에 적합한 내용과 교수 전략을 어떻게 화면상으로 표현하여 전달할 수 있을지에 관한 인터페이스 설계, 화면 구성에 관한 설계를 해야 한다. 이러닝 강좌의 콘셉트를 어떤 분위기로 표현할지, 화면상에 메뉴의 구조는 어떻게 배치할 것인지에 관해 설계한다.

	학습준비	사전평가	학습하기	실천하기	학습정리	형성평가	학습 마무리
주의집중	인트로 애니메이션	사전지식 회상 역할	콘텐츠 유형 전달 방식	학습 내용 정리 학습 내용 공유	파지/ 전이 위한 활동	학습자 수행 점검	파지/전이
학습목표	텍스트 내레이션 O, X 퀴즈	4지 선다 O, X형 drag & drop 단답형	학습 안내 학습자 수행 유도 즉각적, 긍정적 피드백	의견 나누기 내 PC 저장	학습자 정리 설계자 제시	미니게임 문제	학습 내용 점검 예고

그림 6-3   차시별 학습 활동 흐름도 예시

셋째, '미시 설계 단계'는 거시 설계에서 결정된 사항을 구체적이고 세부적으로 구현하는 단계이다. 이러닝 과정의 콘텐츠 개발을 위한 원천 학습 내용인 원고를 내용 전문가(Subject Matter Expert: SME)가 작성한다. 교수 설계팀은 내용 전문가들과 원고 작성을 위한 회의를 통해 이러닝 과정의 기획 의도와 목적, 거시 설계를 통해 산출한 내용 및 교수 전략 설계, 화면 설계를 포함한 과정 설계서를 공유한다. 그리고 원고 작성 형식, 원고 작성 방법 및 주의점에 관한 가이드를 제시한다. 내용 전문가가 작성한 원고에 대해 교수 설계팀에서는 목표와 내용의 일치성, 자료의 출처, 내용의 적절성, 용어 설명 필요를 확인하고 검토한다. 원고를 출력하여 차시별 학습 진행 단계에 맞게 화면을 나누고 화면별로 어떻게 구현할지 설계 아이디어를 기록한다.

　원고기반 설계가 마무리되면 스토리보드^{storyboard} 작업을 한다. 스토리
보드란 이러닝 콘텐츠 개발의 설계도^{blueprints}와 같은 것으로 설계자와 개
발자(프로그래머, 그래픽 디자이너, 촬영 및 편집자 등), 내용 전문가의 의
사소통 도구가 된다. 일반적으로 스토리보드에는 기초 정보(강좌명, 모
듈명, 차시명, 화면번호 등)가 상단에 위치하고, 가운데 화면 제시와 더불
어 화면 설명과 음성 정보(내레이션, 스크립트)가 제시된다. 스토리보드
작성은 이러닝 학습 화면 구현을 쉽게 확인할 수 있도록 가능한 한 구체
적으로 상세히 작성하는 것이 바람직하고 통일된 용어 사용이 필요하
며, 개발 시 주의사항을 강조하여 알아보기 쉽게 제시하는 것이 좋다.

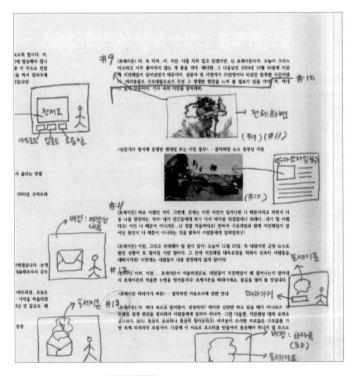

그림 6-4   원고 기반 설계 예시

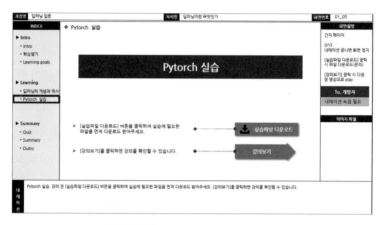

그림 6-5 스토리보드 예시 ㈜큐피플

2. 이러닝 콘텐츠의 설계 원리

1) 이러닝 콘텐츠의 멀티미디어는 어떤 원리로 설계 · 개발되어야 하는가?

인터넷과 컴퓨터 기술이 발달하면서 이러닝 콘텐츠는 멀티미디어 형태로 개발되는 것이 보편적이다. 멀티미디어^{multimedia}는 언어적 형태(인쇄된 텍스트, 음성 텍스트)와 시각적 형태(사진, 지도, 그래프 등)의 두 가지 형태가 복합적으로 사용되며 정보처리 관점으로 보면, 인간의 귀와 눈, 두 감각 채널을 활용하여 정보를 처리한다. 두 가지 양식^{dual-mode}을 활용한 멀티미디어의 정보처리는 양적 측면에서는 한 채널만 사용할 때 보다 많은 정보의 양을 처리할 수 있는 장점이 있고 질적 측면에서는 다른 채널을 서로 보완할 수 있는 특징이 있다. 예를 들어, 언어

적 정보는 보다 더 형식적이고 해석이
필요한 반면, 이미지 정보는 직관적이
고 자연스러운 특징을 지니는데, 두 채
널을 활용할 때 정보처리에서 두 채널
간에 부족한 부분을 채워 줄 수 있다.

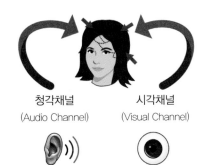

청각채널 (Audio Channel)   시각채널 (Visual Channel)

멀티미디어를 효과적으로 설계하기
위해 교수자는 멀티미디어 학습에 수반
되는 학습자의 인지이론을 잘 이해할 필요가 있다. 마이어(Mayer, 2020)
가 제안한 멀티미디어 학습의 인지이론에는 세 가지 가정[assumption]이 있
다. ① 인간은 시각과 청각을 통한 두 가지 채널, 이중 양식[dual channels]을
통해 정보를 처리한다. ② 인간은 각 채널을 통해 처리할 수 있는 정보
의 양이 제한적이다. ③ 인간은 본인의 경험적 정신 표상을 구축하기
위해 적극적으로 인지처리 활동에 참여한다. 적극적 인지처리 활동에

표 6-2 멀티미디어 학습의 인지 이론 세 가지 가정

가정(assumption)	정의
① 이중 채널 (dual channels)	• 인간은 시각과 청각을 통한 두 가지 채널, 이중 양식 (dual channels)을 통해 정보를 처리한다.
② 제한된 용량 (limited capacity)	• 인간은 각 채널을 통해 처리할 수 있는 정보의 양이 제한적이다.
③ 적극적 처리 (active processing)	• 인간은 본인의 경험적 정신 표상을 구축하기 위해 적극적으로 인지처리 활동에 참여한다. 적극적 인지처리 활동에는 정부에 선택저 주이집중(oelecting), 정보를 구조화, 조직화(organizing), 정보를 기존의 지식 체계에 통합(integrating)하는 것을 포함한다.

출처: Mayer (2020).

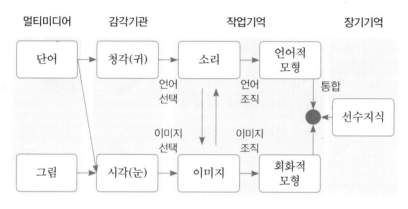

그림 6-6   멀티미디어 학습의 인지 이론
출처: Mayer (2020).

는 정보에 선택적 주의집중selecting, 정보를 구조화, 조직화organizing, 정보를 기존의 지식 체계에 통합integrating하는 것이 포함된다. 세 가지 가정에 근거한 멀티미디어 학습의 인지이론은 [그림 6-7]에 도식으로 제시하였다.

드리우와 마이어(DeLeeuw & Mayer, 2008)는 멀티미디어 학습에서 인

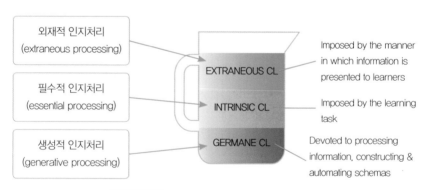

그림 6-7   멀티미디어 학습에서 인지과부하
출처: Mayer (2020); Sweller et al (2011).

지과부하의 세 가지 유형으로, ① 수업 목표 성취에 도움이 되지 않는 교수 설계에 혼란을 주는 외재적 인지처리[extraneous cognitive processing], ② 작동기억에 중요한 학습 자료를 표상하기 위한 필수적 인지처리[essential cognitive processing], ③ 학습자의 보다 깊은 이해와 동기가 요구되는 생성적 인지처리[generative cognitive processing]로 구분하였다. 이는 스웰러와 동료들(Sweller, Ayres, & Kalyuga, 2011)이 제시한 외재적 인지부하[extraneous cognitive load], 내재적 인지부하[intrinsic cognitive load], 본유적 인지부하[germane cognitive load]와 대응하는 개념이다.

마이어(Mayer, 2020)는 인지과부하의 세 가지 유형에 따른 15개의 멀티미디어 학습 교수 설계 원리를 제시하였다. 이를 구체적으로 살펴보면, ① 불필요한 인지처리를 줄이기 위한 설계 원리로 일관성의 원리, 신호의 원리, 중복의 원리, 공간적 인접의 원리를 제안하였고, ② 필수적 인지처리를 관리하기 위한 설계 원리로 분할의 원리, 사전훈련의 원리, 다중 양식의 원리를 제안하였고, 마지막으로 ③ 생성적 인지처리를 촉진하기 위해 멀티미디어의 원리, 개인화의 원리, 음성의 원리, 이미지의 원리, 체화의 원리, 몰입의 원리, 생성적 활동의 원리를 제안하였다(〈표 6-3〉 참조). 이제까지 멀티미디어 제작은 주로 직관에 의해 이루어지는 것이 보편적이었다. 마이어가 제시한 멀티미디어의 설계 원리는 인지심리학적 이론에 기초하여 다양한 사례의 실험 연구를 통해 과학적으로 입증[evidence-based]하였다는 데 큰 의의가 있다.

표 6-3 멀티미디어 학습 교수 설계 원리

목적	설계 원리	의미와 해설
[1] 불필요한 인지처리를 줄이기 위한 설계 원리 (reduce extraneous processing)	① 일관성의 원리 (coherence principle)	• 불필요한 텍스트, 그림, 소리를 제외하면 학습자는 더 잘 학습할 수 있다.
	② 신호의 원리 (signaling principle)	• 중요한 자료가 제시될 때 강조하는 신호를 제시하면 학습자는 더 잘 학습할 수 있다.
	③ 중복의 원리 (redundancy principle)	• 그래픽, 내레이션, 텍스트를 모두 제시하는 것보다 그래픽과 내레이션만 제시할 때 학 습자는 더 잘 학습할 수 있다.
	④ 공간적 인접의 원리 (spatial contiguity principle)	• 글과 그림이 화면에서 멀리 떨어져 있지 않 고 가까이 배치될 때 학습자는 더 잘 학습 할 수 있다.
	⑤ 시간적 인접의 원리 (temporal contiguity principle)	• 글과 그림이 순차적으로 제시되기보다는 동시에 제시될 때 학습자는 더 잘 학습할 수 있다.
[2] 필수적 인지처리를 관리하기 위한 설계 원리 (manage essential processing)	⑥ 분할의 원리 (segmenting principle)	• 멀티미디어 자료를 연속된 전체로 제시하 기보다는 부분으로 분할하여 제시할 때 학 습자는 더 잘 학습할 수 있다.
	⑦ 사전훈련의 원리 (pre-training principle)	• 학습자에게 학습할 내용의 핵심 명칭과 중 요 개념의 특징을 사전에 훈련하여 멀티미 디어 자료를 학습할 때 더 효과적이다.
	⑧ 다중 양식의 원리 (modality principle)	• 애니메이션과 텍스트를 함께 제시하기보다 는 그래픽과 내레이션을 함께 제시할 때 학 습자는 더 잘 학습할 수 있다.

	설계 원리	
3 생성적 인지처리를 촉진하기 위한 설계 원리 (foster generative processing)	⑨ 멀티미디어의 원리 (multimedia principle)	• 학습자는 텍스트만 있을 때보다 텍스트와 그림이 함께 제시될 때 더 잘 학습할 수 있다.
	⑩ 개인화의 원리 (personalization principle)	• 제시되는 언어가 격식을 차린 말투보다는 대화체일 때 학습자는 더 잘 학습할 수 있다.
	⑪ 음성의 원리 (voice principle)	• 기계 음성보다는 상냥한 인간의 음성이 제시될 때 학습자는 더 잘 학습할 수 있다.
	⑫ 이미지의 원리 (image principle)	• 발화자의 이미지가 추가될 때 반드시 학습자가 더 잘 학습할 수 있는 것은 아니다. • 오히려 정적 이미지는 시선을 분산하여 집중력을 약화시킬 수 있다.
	⑬ 체화의 원리 (embodiment principle)	• 인간다운 제스처, 얼굴 표정, 움직임일수록, 즉 높은 체화(high embodiment)일 때 학습자가 더 잘 학습할 수 있다.
	⑭ 몰입의 원리 (immersion principle)	• 2D 형태보다는 3D 환경[예: 가상현실 (virtual reality)]에서 학습 몰입이 더 잘 이루어진다.
	⑮ 생성적 활동의 원리 (generative activity principle)	• 학습 중에 생성적 학습활동(예: 요약하기, 그리기, 설명하기, 행동하기 등)은 학습을 증진한다.

출처: Mayer (2020).

2) 대화형 이러닝 콘텐츠는 어떤 전략으로 설계·개발되는가?

이러닝 학습에서 학습자의 적극적 참여와 상호작용은 매우 중요하다. 그러나 이러닝에 참여하는 대다수의 학습자는 혼자서 독립적으로 학습하기 때문에 고립되어 산만해지기 쉬우며 상호작용에 수동적으로 대응한다. 예를 들면, 온라인 토론에서 최대 92%의 학습자가 글을 포스팅하지 않고 읽기만 하는 소극적 학습자로 나타났다(Zhang & Storek, 2001). 이러닝 환경에서 외현적, 신체적으로 적극적 상호작용을 하는 대신 소극적, 수동적으로 관찰하며 내적 인지 작용을 하는 학습자를 수동적 참여자passive participants라 정의할 수 있다.

　이제까지의 많은 이러닝 콘텐츠 설계와 효과에 관한 연구는 구성주의에 근거한 학습자의 적극적 참여를 전제로 이루어졌고, 현실적으로 소극적, 수동적 참여자가 대다수임에도 불구하고 이들을 배제할 뿐 관심을 두지 않았다. 실제로 우리에게 익숙한 면대면 교실 강의에서도 적극적으로 질문하는 학생은 소수이고, 대다수의 학생은 조용히 앉아서 수동적으로 듣고 있다(오연주, 2010). 그러나 이러닝 환경과 같이 학습자의 직접적인 통제가 불가능하거나 직접적인 참여가 제한적인 상황에서 수동적 참여자에게도 상당한 학업 성취가 발견되고 있는 사실(우영희, 2016; Beaudoin, 2002; Smith & Smith, 2014)에 주목할 필요가 있다.

　온라인 환경에서 항상 모든 학습자가 적극적인 참여 방식으로 학습하는 것이 아니다. 자신이 직접 글을 올리지는 않으나, 다른 사람들의 다양한 의견을 읽으며 비판적, 성찰적 사고로 내적 활동을 하는 사람들도 많다. 이렇게 온라인 학습자 대다수가 수동적 참여자라면 이들의 요구에 적합한 새로운 학습 전략이 필요하다. 수동적 참여는 참여 의향이 없는 비참여, 회피적 학습자와 다르다. 신체적으로는 수동적이지만, 학습자의 내적, 인지적 상호작용을 촉진할 수 있는 전략으로 다른 사람들의 대화형 이러닝 콘텐츠를 시청하는 대리적 상호작용vicarious interaction에 관심을 기울일 필요가 있다.

그림 6-8　대화형 이러닝 콘텐츠 K-MOOC 강좌 예시

대리적 상호작용이란, "상호작용에 직접적으로 참여하는 대신 두 명의 다른 학습자들 간에 혹은 다른 학생과 교수자 간의 직접적인 상호작용을 적극적으로 관찰하고 동화^{assimilation}하는 인지과정(Sutton, 2001)"을 지칭한다. 대리적 상호작용의 학습 효과는 밴듀라(Bandura, 1977)의 관찰 학습$^{observational\ learning}$, 사회적 인지이론$^{social\ cognitive\ theory}$(Rosental & Zimmerman, 1978), 모델링과 모방학습$^{modeling\ and\ imitation}$(Rosenthal & Bandura, 1978)에 이론적 근거를 둔다. 많은 연구에서 직접적 상호작용이 없어도 다른 사람들의 상호작용을 관찰함으로써 원하는 수준의 지식을 획득할 수 있음이 입증되었다(Chi, Roy, & Hausmann, 2008; Dennen, 2008; Driscroll, Craig, Gholson, Ventura, Hu, & Graesser, 2003). 수동적인 이러닝 학습자 지원을 위한 대화형 이러닝 콘텐츠 설계 전략은 〈표 6-4〉와 같다.

표 6-4	수동적 이러닝 학습자 지원을 위한 대리적 상호작용 이러닝 설계 전략	
구분	**분야**	**대리적 상호작용 이러닝 설계 전략**
이러닝 설계 요소별 전략	학습 과제	A-1. 교수자와 직접 학습자 간의 상호작용 시연이 학습 과제의 목표 달성에 중요한 요소인지를 검토하고 학습 과제와 시연 방법의 일관성을 고려하라. A-2. 대리적 상호작용의 효과를 높이기 위해 실제 적용 사례를 교수자가 전하기보다는 직접 학습자가 전하라.
이러닝 설계 요소별 전략	직접 학습자 선정	B-1. 대리적 학습자가 캐릭터를 통해 동질감을 느낄 수 있도록 대리적 학습자와 비슷한 연령, 비슷한 지식 수준으로 설정하며, 등장하는 캐릭터들의 성격을 실제 교실에 있을 법한 학생들의 성격과 유사하게 구성하고, 다양화하여 감정이입을 용이하게 하라. B-2. 자연스러운 상호작용을 위해 연기력이 우수한 인적자원을 활용하라. B-3. 대리적 상호작용에 등장하는 직접 학습자(direct learner)들의 남녀 성비를 고려하라.
	대화 스크립트 구성	C-1. 교수자 대신 학습자에게 스크립트 질문을 작성하게 하라. C-2. 현장성 있는 자연스러운 리액션을 위해 스크립트는 촬영 당일 제공하라. C-3. 지엽적인 질문보다는 가급적 많은 수강생이 공감할 수 있는 질문으로 구성하라. C-4. 학생에 따라 다르게 해석될 수 있는 부분을 질문으로 구성하여 토론을 촉진하라. C-5. 대리적 학습자가 학습에 몰입할 수 있도록 교수자나 캐릭터가 실수를 하거나 어려움을 겪는 장면을 의도적으로 구성하라. C-6. 대리적 학습자에게 재미를 제공하기 위해 엉뚱한 의견이나 농담을 추가하라.

이러닝 설계 요소별 전략	촬영 방식	D-1. 촬영 시간 및 비용의 충분한 확보가 어려울 경우, 직접 학습자의 등장 장면은 분리하여 별도로 촬영하라. D-2. 촬영에 사용되는 카메라는 최소 3대(풀샷, 교수자 원샷, 학습자 원샷) 이상 준비하라. D-3. 야외 촬영을 고려할 때에는 잡음을 최소화하기 위해 붐 마이크(boom microphone), 핀 마이크(pin microphone)를 사용하라. D-4. 개발팀, 촬영팀 감독 등과 대리적 상호작용이 등장할 부분의 촬영 구도 및 순서를 사전에 협의하여 촬영장에서 예상되는 문제 상황에 대비하라.
교수 목적에 따른 설계 전략	공감 유도	1-1. (정서적 공감) 직접 학습자의 얼굴 표정, 고개 끄덕임 등 정서적 반응을 자세히 보여 주어 대리적 학습자의 정서적 공감을 유도하라. 1-2. (인지적 공감) 주제와 관련된 학습자의 경험을 이끌어 내는 질문과 소감 나누기 등 인지적 공감을 유도하라.
	모델링	2-1. 대리적 학습자가 쉽게 오류를 범할 수 있는 부분이 나타나도록 스크립트를 구성하고, 직접 학습자에게 교정적 피드백을 제시하라. 2-2. 모델링 시 직접 학습자의 반응을 강조(클로즈업)하여 대리적 학습자의 몰입을 유도하라.
	개념 설명	3-1. 교수자는 개념 설명 사이에 직접 학습자의 참여 확인, 질문, 농담 등을 추가하여 대리적 학습자의 인지적 부하를 줄여라. 3-2. 가급적 직접 학습자가 질문하고, 교수자가 대답하는 형태로 설계하여 직접 학습자의 질문이 개념 설명의 내비게이터 역할을 할 수 있게 하라.

출처: 이영주, 류기혁(2018).

핵심 요약

- 이러닝 설계는 크게 기획 설계 단계, 거시 설계 단계, 미시 설계 단계로 구성됨.

- 기획 설계 단계는 이러닝 과정 개발이 필요한지에 관한 요구 분석, 학습자 분석 및 교수–학습 환경에 관한 분석이 이루어짐.

- 거시 설계 단계에서는 교육 내용을 선정하고 체계적으로 계열화하는 단계로 내용 및 교수 전략 설계와 화면 디자인 설계가 이루어짐. 내용 및 교수 전략 설계에는 과정 구조도, 학습 커리큘럼 내용, 학습 목표 및 교수 전략, 차시 학습 흐름도가 포함되며, 화면 디자인 설계에는 인터페이스와 화면 설계가 수행됨.

- 미시 설계 단계는 거시 설계에서 결정된 사항을 구체적이고 세부적으로 구현하는 단계로 원고를 개발하고 스토리보드 설계에 따라 스크립트 대본을 작성함.

- 이러닝 콘텐츠는 보편적으로 멀티미디어 형태로 개발되며, 멀티미디어 학습에 수반되는 학습자의 인지이론으로 마이어는, ① '이중 채널', ② '제한된 용량', ③ '적극적 처리'의 세 가지 가정을 제시함. '이중 채널'은 인간은 시각과 청각의 이중 양식으로 정보를 처리한다는 것이며, '제한된 용량'은 인간이 처리할 수 있는 정보의 양이 제한적이다는 의미이며, '적극적 처리'란 인간은 경험적 정신 표상을 구축하기 위해 적극적으로 인지처리 활동에 참여한다는 의미임.

- 드리우와 마이어는 멀티미디어 학습에서 인지과부하의 세 가지 유형으로, ① 목표 성취에 도움이 되지 않고 불필요한 '외재적 인지처리', ② 작동기억에 자료를 표상하기 위한 '필수적 인지처리', ③ 학습자의 깊은 이해와 동기가 요구되는 '생성적 인지처리'를 제안함. 마이어는 세 가지 유형에 따라 15개의 멀티미디어 학습 교수 설계 원리를 제시함.

● 수동적 이러닝 학습자 지원을 위한 설계 전략으로 대화형 이러닝 콘텐츠를 시청하는 대리적 상호작용에 관심을 기울일 필요가 있음. '**대리적 상호작용**'이란 상호작용에 직접적으로 참여하는 대신 두 명의 다른 학습자들 간, 다른 학생과 교수자 간의 직접적인 상호작용을 적극적으로 관찰하고 동화하는 인지 과정임.

도움이 되는 온라인 자료

- 4 Things You Need to Know About Instructional Design for eLearning (Tim Slade) https://youtu.be/Tw-yjgmZueU.

- 이러닝 교수 설계 프로세스(박형주) https://youtu.be/DZcnbPZ_NWw.

- 이러닝 교수 설계_스토리보드(지식디자이너) (스토리텔링형) https://youtu.be/XeNwzDzBl8M.

- 이러닝 교수 설계_스토리보드(지식디자이너) (크로마키형) https://youtu.be/4yI-ttJZHiA.

- 이러닝 교수 설계_스토리보드(지식디자이너) (자막동영상형) https://youtu.be/_GI6P-bCroE.

- 인지부하 종류(Educational Technology) https://youtu.be/4mjTclnu3Do.

- 인지부하별 조절 방법(Educational Technology) https://youtu.be/a_ljk5El0vY.

• What Makes Good eLearning?(Tim Slade) https://youtu.be/BqIyA XrszTw.

제**7**장

이러닝의 운영 및 평가

이 장의 **초점 질문**

- 이러닝, 원격교육의 질 관리는 왜 필요하고 그 의미는 무엇인가?
- 이러닝 콘텐츠 품질의 평가 기준은 무엇인가?
- 이러닝 강좌, 과정, 프로그램의 질 관리 평가 준거는 무엇인가?

1. 이러닝, 원격교육의 질 관리 의미와 필요성

1) 이러닝, 원격교육의 질 관리는 왜 필요하고 그 의미는 무엇인가?

이러닝과 원격교육이 양적으로 확산되면서 한편으로 이러닝 프로그램, 콘텐츠, 원격교육 과정에 관한 질적 수준의 만족과 수월성 보장에 관한 요구가 강조되었다. 이러닝이 학습자에게 유의미한 학습 경험을 제공하고, 우수한 원격교육 서비스를 제공하기 위해서는 이러닝 콘텐츠, 강좌, 프로그램의 구성과 운영, 매체 활용, 교수-학습 과정의 질뿐만 아니라 원격교육기관의 조직, 행정, 자원 관리에 관한 체계성이 필요하다.

마치 기업에서 생산하는 제품의 품질이 일정 수준을 유지하기 위해 제품 결과물뿐만 아니라 제품이 산출되는 생산과정, 조직, 환경 등 다양한 요소를 효율적으로 관리하듯이 원격교육과 이러닝 교육 서비스 질의 우수성을 유지, 관리하는 것을 '질 관리'quality management라고 한다. 유사한 용어로 질 평가quality assessment, 질 통제quality control, 품질 인증quality assurance 등이 있다.

이러닝의 질 관리는, ① 학습 자료로서 제공되는 이러닝 콘텐츠의 질 평가, ② 이러닝 강좌, 과정course, 프로그램 운영에 관한 질 평가, ③ 이러닝 기관의 조직, 행정적 지원 등 거시적 측면의 질 평가가 있다.

2. 이러닝 콘텐츠의 평가

1) 이러닝 콘텐츠 품질의 평가 기준은 무엇인가?

이러닝 콘텐츠의 평가는, 학습자의 특성을 고려한 학습 목표와 내용으로 구성되었는지, 학습 목표 달성을 위한 교수-학습 전략, 상호작용, 내용 구조화가 적절한지, 학습 화면의 인터페이스가 쉽고 편리하게 설계되었는지에 관해 검토한다. 다음은 한국U러닝연합회에서 실시하는 이러닝 콘텐츠 품질 인증에서 사용하는 평가 기준을 제시하였다.

표 7-1   이러닝 콘텐츠 품질 인증 평가 기준

영역	항목	영역별 배점
학습 내용	1) 학습목표 • 과목명이나 학습 주제에 적절하게 학습 목표가 설정되었는가? • 학습자가 학습 목표를 확인하고 쉽고 명료하게 이해할 수 있는가? 2) 지식정보 • 사용된 사례들은 파지와 전이가 잘 이루어지도록 학습 목표와 관련되어 제시된 것인가? • 학습자들에게 필요한 지식 정보를 충분히 제공하고 있는가? • 제공되는 정보들이나 사례들은 정확한 것인가?	30점

2. 이러닝 콘텐츠의 평가   159

영역	항목	영역별 배점
학습 내용	• 인용한 부분들이 있을 경우 출처가 명확하게 밝혀져 있는가? • 사회 변화와 환경을 고려한 최신 정보를 담고 있는가? • 심화 학습이나 보충 학습을 위한 내용들을 제공했는가? **3) 일관성과 적절성** • 학습 대상은 제시되어 있으며, 제시된 학습 대상의 수준에 적합한 내용인가? • 학습 내용은 학습목표와 일관성을 유지하고 있는가? • 학습 주제와 부합하는 과제물이나 활동을 제시하고 있는가? • 요약 · 정리는 중요한 내용을 효과적으로 제시하였는가? • 평가 내용의 난이도는 본문 내용에 비추어 적당한가?	30점
교수 설계	**1) 학습동기전략(ARCS모델 차용)** • 도입 부분에서 학습자의 주의를 충분히 이끌고 있는가? • 콘텐츠 전반적으로 학습자의 주의를 계속 환시하고 있는가? • 학습 내용의 설계가 학습자의 경험과 관련되어 있는가? • 학습에 대한 만족감을 부여하고 있는가? **2) 상호작용** • 학습자가 콘텐츠에 상호작용할 수 있는가? • 콘텐츠는 학습자의 상호작용에 제대로 반응하는가? • 교수자 혹은 안내자와 학습자 간의 상호작용을 유발하고 있는가? • 학습자 간의 상호작용을 유발하고 있는가? **3) 내용 제시** • 학습 내용이 제대로 모듈화되어 있는가? • 학습 내용과 부합하는 매체들을 충분히 다양하게 사용하고 있는가? • 학습 내용의 난이도가 점진적으로 구조화되어 있는가? • 학습 목표부터 평가까지 일관적으로 구성되어 있는가? • 학습 내용 제시의 분량은 적절한가? • 부가적인 학습 자료들을 적절하게 제시하고 있는가?	30점

영역	항목	영역별 배점
교수 설계	**4) 교수-학습 전략** • 학습 목표에 부합되도록 분명한 교수-학습 전략을 세웠는가? • 교수-학습 전략이 무리 없이 적절하게 사용되고 있는가? • 내용 제시나 교수 전략의 응용이 창의적으로 이루어졌는가?	20점
사용자 편의성	• 학습 화면의 인터페이스가 이해하기 쉽게 구성되어 있는가? • 전체적인 디자인이 조화롭고 일관성이 있는가? • 학습에 필요한 음성, 음향, 동영상 등 멀티미디어 요소가 쉽고 편리하게 제대로 작동되는가? • 학습 과정에서 학습자가 참조할 수 있도록 전반적인 학습가이드(MAP, 학습 안내, 도움말, 부교재 등)가 편리하게 잘 제시되어 있는가? • 학습자가 현재의 학습 내용과 자신의 위치를 파악하는 것이 용이한가? • 학습자가 자신의 진도를 파악하고 학습 속도를 자유롭게 조절할 수 있는가? • 학습자가 주어진 학습 환경이나 학습 장식에 얽매이지 않고 자신의 학습 스타일에 따라 다양하게 학습할 수 있는가? • 학습과 관련된 링크(link) 이용에 오류가 없는가? • 학습자를 위한 색인이나 검색 기능(glossaries) 및 책갈피(bookmark) 기능이 있는가?	20점

영역	항목	영역별 배점
학습 환경	1) 프로그램의 설치와 실행 • 학습 중 문의사항이나 궁금한 점이 있을 경우 바로 연락할 수 있는 방법이 있는가? • 해당 과정에 필요한 하드웨어 및 소프트웨어의 권장 학습환경을 명시하고 있는가? 2) 운영 및 문의 정보 • 학습 객체를 다운로드하는 데 걸리는 평균적인 전송 속도에 관한 정보가 있는가? • 다운로드 속도가 길어질 경우, 관련된 그림이나 애니메이션에 대한 부연 설명이 있는가?	10점
총평 영역	• 평가 담당자의 전반적인 평가 점수-평가 항목에서 다루지 못한 부분 포함 평가(창의적인 콘텐츠, 에듀테인먼트적인 요소 등)	10점
가점 요소	• 콘텐츠 개발을 위해 별도의 교수설계자와 멀티미디어 콘텐츠 개발자를 확보하였는가? • 콘텐츠의 수정이나 보완, 업그레이드가 가능하도록 지원하고 있는가? • 콘텐츠를 본격적으로 운영하기 전에 현장 테스트를 거치고 필요한 부분을 보완하였는가? • 콘텐츠 평가위원회 혹은 그에 상응하는 조직 체계를 통해 자발적으로 콘텐츠의 실질 심사기능을 수행하는가?	5점

출처: https://www.kaoce.org/

3. 이러닝의 과정과 프로그램 평가

1) 이러닝 강좌, 과정, 프로그램의 질 관리 평가 준거는 무엇인가?

이러닝 과정^{course}에 관한 질 평가는 일반적으로 이러닝 과정이나 원격교육 프로그램을 개발에 적용되는, ① 분석^{Analysis}, ② 설계^{Design}, ③ 개발^{Development}, ④ 실행^{Implementation}, ⑤ 평가^{Evaluation} 단계를 포함한 ADDIE 모형을 활용한다.

'분석' 단계에서는 이러닝 과정 개발을 위한 요구 분석, 학습자 분석, 학습 내용 분석, 학습 환경 분석이 잘 이루어지고 특성과 상황을 잘 파악하여 이러닝 코스 개발 계획이 이루어졌는지 검토한다. '설계 및 개발' 단계에서는 학습 목표에 적합한 학습 내용, 교수 설계 전략, 평가 전략이 이루어졌는지 확인한다. '운영' 단계에서는 학습 과정 관리가 잘 이루어지고 있는지, 학습자의 학습 모니터링이 지속적으로 잘 이루어지는지, 어려움이 있는 학습자를 지원하는 활동이 잘 이루어지고 있는지, 학습자의 참여를 촉진하는 전략이 잘 수행되고 있는지가 중요한 평가 준거가 된다. '평가' 단계에서는 학습사의 학입 성취에 대한 평기뿐만 아니라 이러닝 과정에 대한 만족도, 효과성에 관한 평가가 이루어진다. '질 관리 및 지원'은 이러닝 코스의 수월성을 검증하기 위한 질 관리 계획과 평가를 위한 활동 및 승인 과정, 질 관리 활동으로 구성되어 있다.

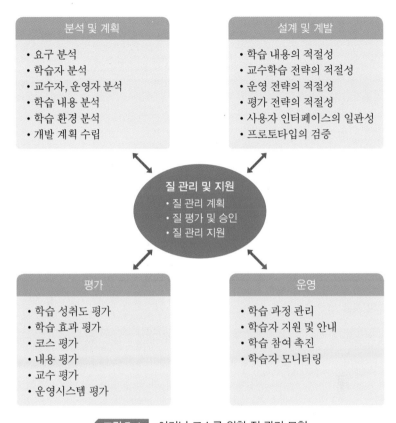

분석 및 계획
• 요구 분석
• 학습자 분석
• 교수자, 운영자 분석
• 학습 내용 분석
• 학습 환경 분석
• 개발 계획 수립

설계 및 계발
• 학습 내용의 적절성
• 교수학습 전략의 적절성
• 운영 전략의 적절성
• 평가 전략의 적절성
• 사용자 인터페이스의 일관성
• 프로토타입의 검증

질 관리 및 지원
• 질 관리 계획
• 질 평가 및 승인
• 질 관리 지원

평가
• 학습 성취도 평가
• 학습 효과 평가
• 코스 평가
• 내용 평가
• 교수 평가
• 운영시스템 평가

운영
• 학습 과정 관리
• 학습자 지원 및 안내
• 학습 참여 촉진
• 학습자 모니터링

그림 7-1   이러닝 코스를 위한 질 관리 모형

출처: 정영란, 장은정(2004).

표 7-2   **이러닝 코스 질 관리 평가 준거**

(1) 분석 및 계획

평가 영역	평가 준거	평가 내용
코스 개발 계획	분석 및 계획 수립	• 관련 자료의 충분한 분석을 통한 코스 개발 계획의 수립
	이러닝의 특성을 고려	• 기존의 교수-학습 방법과 차별화된 이러닝의 특성 을 고려하여 개발 계획을 수립하고 구체적 실행 전략 이 포함되어 있는지를 검토
	선정의 타당성	• 별도의 과목 선정 기준을 수립하고 이에 근거하여 코스 개발 계획을 평가한 후 과목을 선정하였는지를 검토

(2) 설계 및 개발

평가 영역	평가 준거	평가 내용
학습 내용	내용의 정확성 및 적절성	• 학습 내용이 오류 없이 정확한 내용을 담고 있는지 와 학습 주제에 적합한 학습 내용을 다루고 있는지 를 검토
	윤리성 및 인용 출처	• 학습 내용이 종교, 성, 지역, 직종 등에 대한 학습자 의 편견을 조장하거나 윤리적으로 문제가 있는지와 자료 출처 제시 등 저작권 문제를 검토
	고차원적 사고력을 다룸	• 학습자의 적극적인 탐구를 유도하는 탐색, 조사, 고 안 등의 고차원적 사고력을 학습할 수 있는 학습 내 용으로 구성되어 있는지를 검토
	학습 분량의 적절성	• 주어진 학습 시간에 적합한 학습 분량을 제시하는지 를 검토
	난이도의 적절성	• 학습자의 수준에 적절한 난이도를 고려하였는지를 검토

평가 영역	평가 준거	평가 내용
학습 내용	학습과제, 토론 주제의 적절성	• 학습목표, 학습자 수준 및 학습 주제의 특성에 따라 적절한 학습 과제를 요구하였는지, 적절한 토론거리나 이슈를 제기하였는지를 검토
	충분한 관련 자료의 제공	• 학습 내용의 이해를 돕기 위해 풍부한 관련 자료의 제공 여부
교수 설계	교수-학습 방법의 적절성	• 기존의 교수-학습 방식을 그대로 적용하는 것이 아니라 이러닝에서 효과적인 교수-학습 방법을 고안하였는지를 검토
	학습 목표의 제시	• 학습자에게 학습 목표가 유의미하게 제시되었는지를 검토
	선수학습의 확인	• 학습자가 사전에 습득하고 있어야 할 선수 지식을 명시하고 이를 점검할 수 있는 기회를 제공하였는지를 검토
	학습 목표, 학습 내용, 평가, 과제의 일관성	• 학습 내용과 평가 방법, 과제 등이 초기에 설정한 학습 목표를 달성하도록 서로 밀접하게 관련성을 갖는지를 검토
	내용 설계의 조직성	• 학습자가 학습 내용을 쉽게 이해할 수 있도록 장, 절, 항 단위로 학습 내용이 잘 구조화되었는지를 검토
	지식의 연습이나 적용 기회의 제공	• 학습자 스스로 자신의 이해도를 점검할 수 있는 연습 기회를 제공하거나 학습한 것을 실제로 적용해 보는 기회를 제공하였는지를 검토
	보충 및 심화 학습	• 학습주제를 충분히 이해할 수 있도록 보충 자료나 심화 자료의 제공 여부
	동기부여 전략의 활용	• 학습자의 동기부여를 위하여 학습자의 관심과 학습 주제와의 관련성을 강조하거나, 학습 과제에 도전하도록 하는 등의 동기부여 전략을 활용하고 있는지를 검토

평가 영역	평가 준거	평가 내용
교수 설계	상호작용성	• 학습자의 학습 주도성을 위해 다양한 선택의 기회를 제공하고 학습자의 반응에 따른 다양한 피드백 등 상호작용성의 원리를 적용하였는지를 검토
	학습자 수준별 대응	• 학습자의 수준과 준비도에 따라 학습 내용 및 방법을 차별화하는지를 검토
	운영 전략의 적절성	• 실제 강좌 운영 일정에 따라 운영 전략이 구체적으로 명세화되어 있으며, 작성된 운영 전략이 학습 주제와 학습 목표, 학습자의 특성 등에 적절한지를 검토
	평가 전략의 적절성	• 평가 방법과 평가 일정, 평가 기준 등 구체적인 평가 전략이 명세화되어 있으며, 작성된 평가 전략이 학습 주제와 학습 목표, 학습자의 특성 등에 적절한지를 검토
콘텐츠 개발	멀티미디어의 효과적 사용	• 학습 내용과 관계없는 불필요한 멀티미디어의 사용을 자제하고 멀티미디어가 학습 내용의 이해를 돕도록 효과적으로 사용되었는지를 검토
	사용자 인터페이스의 적절성, 일관성	• 학습 콘텐츠를 처음 사용하는 경우에도 학습을 어떻게 진행하는지 직관적으로 알 수 있고, 학습 진행 방식에 일관성이 있는지를 검토
	디자인 및 정의적 측면 고려	• 학습자가 학습 주제에 매력을 느낄 수 있도록 세련된 구성이나 디자인을 구현하였는지를 검토
	프로토타입을 통한 검증	• 학습 콘텐츠 개발 시, 먼저 프로토타입을 개발한 후 이에 대한 참여자들의 평가를 통해 평가 결과를 향후 콘텐츠 개발에 적극 반영하는 과정을 거쳤는지를 검토

(3) 운영

평가 영역	평가 준거	평가 내용
학습자 지원	충분한 학습 안내	• 학습자가 학습 도중 겪는 어려움들을 분석하고 학습 내용과 관련된 안내와 학습 진행 방법에 대한 충분한 안내가 제시되었는지를 검토
	학습자 주도의 학습 관리	• 학습자 스스로 학습 일정을 관리하고 학습한 것을 정리해 보도록 하는 등 자신의 학습 과정을 평가하고 성찰하는 기회를 제공하는지를 검토
	토론 등 교수자 및 동료와의 교류	• 교수자뿐만 아니라 동료 학습자들과 다양한 의견을 교류함으로써 학습 주제를 풍부하게 이해하고 다양한 관점을 갖는 기회를 제공하는지를 검토
	학습 기회의 공평성	• 학습 과정에서 모든 학습자에게 학습 목표를 달성하기 위한 공평한 기회를 부여
	학습자 참여 독려	• 학습자가 학습 과정에 적극적으로 참여할 수 있도록 독려하는지, 참여하지 않는 학습자에 대한 참여촉진 전략을 수립하였는지를 검토
	학습자의 요구에 대한 즉각적인 피드백	• 학습자의 질문에 즉각적으로 답변하는 등 학습자의 학습 지원 요청에 대하여 적극적으로 대처하였는지를 검토
	학습자 모니터링	• 인적 · 기술적 지원 체제를 통해 학습자의 학습활동을 지속적으로 모니터링
기술 지원	환경 설정	• 학습 전 환경 설정 기술에 대한 안내나 교육 등이 이루어졌는지를 검토
	기술 지원 창구 명시	• 기술 지원을 위한 구체적인 창구를 명확하게 안내하고 있는지를 검토

(4) 평가

평가 영역	평가 준거	평가 내용
성취도	평가의 적절성	• 평가 방법이 학습자의 수준이나 학습 목표, 학습 주제 등에 적절한지를 검토
	평가의 타당성	• 평가 방법이 학습 목표의 달성 여부를 실제로 평가할 수 있는지를 검토
	평가의 신뢰성	• 평가 도구 및 평가 기준이 평가자에 상관없이 일관성 있는 결과를 도출
학습 효과	수월성 확보에 기여	• 본 코스가 결과적으로 학습자의 수행 능력 향상 등 수월성 확보에의 기여 여부
코스	고차원적 사고력 개발	• 본 코스가 지식 암기나 이해 중심보다는 문제해결능력, 비판적 사고력, 창의적 사고력 등의 고차원적 사고력을 개발하는 효과를 가져왔는지를 검토
	학습 방법의 학습	• 본 코스가 이러닝에서 필요한 자기주도적 학습방법이나 학습자 고유의 학습 방법을 학습하는 결과를 가져왔는지를 검토
	전반적인 코스 만족도 평가	• 코스 종료 후 코스에 대한 전반적인 만족도를 조사하여 그 결과를 향후 코스 개발 및 운영에 반영하고 있는지를 평가
내용	외부 내용 전문가를 통한 평가	• 별도의 외부 내용 전문가를 통해 학습 내용 전반을 검토하고 보완하는 과정을 거침으로써 학습내용의 질적 수월성을 확보하였는지를 검토
	학습자를 통한 내용 평가	• 코스의 직접적인 고객으로서 학습자가 학습 내용 전반을 평가함으로써 학습자의 수준과 관심에 적절한 학습 내용을 다루었는지를 검토
교수자	교수활동에 대한 평가	• 학습자로부터 교수자의 수업 운영, 학습자 지원 등 교수활동에 대한 평가를 실시하고, 이에 대한 결과를 향후 코스 운영에 반영하고 있는지를 검토

(5) 질 관리 및 지원

평가 영역	평가 준거	평가 내용
시스템 평가	서버 관리 및 보안	• 이러닝 운영 서버의 안정적 운영을 위해 별도의 서버 관리 지침과 보완 관리 지침을 마련하고 이를 실천하는지를 검토
	서버의 안정성	• 코스 운영 도중 시스템의 오류로 인해 학습이 중단되거나 사용에 불편함이 있었는지 등을 검토
	사용의 편의성	• 운영 시스템에서 제공하는 기능들은 학습자가 직관적으로 이해하고 사용할 수 있도록 사용자 편의성을 고려하여 개발되었는지를 검토
	콘텐츠의 제시 속도	• 비디오, 오디오, 애니메이션 등 멀티미디어 자료들은 학습자의 컴퓨터 사양과 무관하게 제시 속도가 문제 없이 제공되는지를 검토
질 관리 계획	질 정책 및 질 관리 계획	• 전반적으로 코스 개발 과정에서 단계별 세부적인 질 관리 방안이 수립되어 있는지를 검토
	질 표준의 명세화	• 코스 운영과 콘텐츠 개발에서 목표로 하는 품질 표준이 명세화되고 이를 이러닝 코스 개발 참여자들이 숙지하고 있는지를 검토
	질 수립 과정의 합리성	• 품질 관리 목표와 세부적인 질 관리 방안 등을 수립하는 데 있어 코스 개발 참여자들과의 충분한 의견 교류 및 검토 등 합리적인 합의 과정을 거쳤는지를 검토

평가 영역	평가 준거	평가 내용
질 평가 및 승인	질 관리 모니터링	• 질 관리 계획의 실천 여부를 확인하기 위한 질 평가 모니터링을 실시하였는지를 검토
	모니터링 결과 피드백	• 모니터링 결과를 분석하여 향후 질 관리 정책에 적극 반영하였는지를 검토
	외부 전문가의 검토 및 승인	• 코스 개발 과정 및 콘텐츠의 품질 보장을 위해 외부 전문가의 검토 및 승인 과정을 거치도록 하는지를 검토
	평가를 통한 학습 프로그램 승인	• 학습 콘텐츠의 평가 결과에 따라 코스 개설 및 운영의 승인이 결정되는지를 검토
지원	교수 개발 프로그램	• 코스 개발 및 운영에 대한 전문성 확보를 위해 교수자에 대한 컨설팅 및 교육, 지원 등 별도의 교수 개발 프로그램을 운영하고 있는지를 검토
	직원 개발	• 코스 개발 및 운영에 대한 전문성 확보를 위해 콘텐츠 개발자 코스 운영자 및 행정전문가 등에 대한 별도의 직원 개발 프로그램을 운영하고 있는지를 검토
기타	비용의 합리성, 적절성	• 학습 콘텐츠 개발 및 코스 운영 비용이 합리적으로 산정, 집행되었는지를 검토
	교육 표준의 준수	• 학습 콘텐츠의 재사용, 학습자 정보의 교류 등을 위한 학습 객체, 학습자 정보 표준안을 수립하고 이를 준수하고 있는지를 검토

한국형 온라인 공개강좌^K-MOOC의 질 관리 도구로, ① 콘텐츠, ② 활동, ③ 평가, ④ 지원 영역에서 평가 지표는 다음과 같다(차현진, 2019). 이는 질 높은 온라인 강좌 개발을 위한 체크리스트로 설계, 개발, 운영자에게 성과 측정을 위한 유용한 도구로 사용될 수 있다.

표 7-3 **한국형 온라인 공개 강좌(K-MOOC) 개발 체크리스트**

영역		지표	설명
콘텐츠 (contents)	1	목적의 명확성	• MOOC 강좌의 목적과 학습 목표가 명확히 진술되어 있다.
	2	구조의 명확성/논리성/일관성	• 강좌의 구조가 분명하게 설명되어 있고, 이해할 수 있으며 일관성을 가지고 제시되어 있다.
	3	내용의 적절성	• 강좌의 내용은 관련이 있고 최신의 것을 다루고 있다.
	4	교수 자료 제공 및 접근성	• 학습자의 학습 성취를 도와줄 수 있는 다양한 자원과 자료의 이용이 가능하다.
	5	교수 전략의 적절성(다양한 학습자를 위한 고려)	• 강좌는 다양한 학습자를 고려하여 다양한 방법의 교수-학습 전략을 통합적으로 활용한다.
	6	수업 자료의 가독성	• 강좌 자료와 제시의 가독성이 적절하다.
	7	콘텐츠의 흥미	• 강좌는 흥미롭고 참여할 수 있는 방향으로 제시되고 있다.
활동 (activities)	1	과제/토론 및 활동의 적절성	• 과제를 포함하여 강좌의 활동은 학습자가 학습 목표를 성취하도록 돕는다.
	2	고차원적/비판적 사고 유도 또는 실생활 문제 해결과의 연계 유도 등	• 강좌는 고차원적으로 생각해 볼 기회와 실생활과 관련된 문제를 해결한 기회를 제공하고 있다.

영역		지표	설명
활동 (activities)	3	다양한 활동 유도	• 강좌는 학습자가 능동적으로 참여할 수 있는 활동을 제공하고 있다.
	4	자기주도적 학습 활동 유도	• 강좌는 자기주도적으로 책임을 가지고 학습할 수 있도록 구성되어 있다.
평가 (assessment)	1	평가 전략의 적절성	• 평가는 학습 목표와 일관성을 가지고 있다.
	2	평가 기준의 합리성/수료 조건의 적절성	• 평가는 합리적이며, 코스의 등급과 수료 기준이 명확하게 제시되어 있다.
	3	코스 내용과 연계-통합된 평가	• 평가는 일관적인 방법으로 강좌 전체에 통합되어 있다.
	4	학습 성과/결과에 대한 피드백 제공	• 평가 결과에 대해 분명한 피드백과 설명이 평가에 제공되어 있다.
지원 (support)	1	상호작용의 적절성(교수자, 학습자 간, 직원 등)	• 강좌는 적절한 교수자-학습자/학습자-학습자 간 상호작용의 기회를 제공하고 있다.
	2	콘텐츠 저작권 이슈 및 활용 정책의 명시	• 자원과 자료의 저작권과 인용 그리고 온라인 강좌에서의 네티켓 등이 명확하게 진술되어 있다.
	3	개인 정보 보호 전략	• 개인 정보 보호 전략이 명확하게 제시되어 있다.
	4	문제에 대한 지원 및 코스 업데이트 정보 등 코스 관리 지원의 적합성	• 강좌 업데이트 및 기술적 지원이 명확하게 제시되어 있다.
	5	적합한 툴(게시판, 메모, 다운로드, 링크 등) 지원	• 강좌에 필요한 도구는 시의적절하게 이용 가능하다.

출처: 차현진(2019).

핵심 요약

- **이러닝 질 관리**는 원격교육과 이러닝 교육 서비스 질의 우수성을 유지·관리하는 것을 뜻함. 학습자에게 유의미한 학습 경험을 제공하고, 우수한 원격교육 서비스를 제공하기 위하여 이러닝과 원격교육의 질 관리가 필요함. 이러닝 질 관리는 이러닝 콘텐츠의 질 평가, 이러닝 강좌, 과정, 프로그램 운영에 관한 질 평가, 이러닝 기관의 조직, 행정적 지원 등 거시적 측면의 질 평가가 있음.

- **이러닝 콘텐츠 평가**는 학습자 특성을 고려한 학습 목표와 내용인지, 목표에 적합한 교수–학습 전략, 상호작용, 내용 구조화가 적절한지, 인터페이스가 편리하게 설계되었는지에 관해 검토함. 평가 기준 영역으로 학습 내용, 교수 설계, 사용자 편의성, 학습 환경, 총평 영역, 가점 요소 등이 있음.

- **이러닝 과정과 프로그램에 관한 질 관리**는 분석, 설계, 개발, 실행, 평가 단계를 포함한 ADDIE 모형을 활용할 수 있음.

- K-MOOC에서는 콘텐츠, 활동, 평가, 지원 차원에서 평가 영역을 구분하여 질 관리 도구를 제시하고 있음.

도움이 되는 온 라 인 자 료

- 원격교육 질 관리의 이해 http://edu.ezenedu.com

- 이러닝 콘텐츠 제작: 직업능력심사평가원 https://www.youtube.com/watch?v=bKsJHFHSEvU&t=211s.

• 이러닝 콘텐츠 품질 인증: 한국U러닝연합 https://www.kaoce.org:9227

 • 콘텐츠 품질인증(강원도민TV) https://youtu.be/1nIoKD8fvTM.

제3부

진로와 미래의 방향

제8장

이러닝의 쟁점과 이슈

이 장의 **초점 질문**

- 코로나19로 인한 전면 원격수업에 따른 학습 격차 문제는 무엇인가?
- 온라인 수업으로 인한 학습 격차를 해결하려는 어떤 대책이 실행되고 있는가?
- 정보 격차(digital divide)란 무엇이고 어떤 형태가 있는가?
- 정보 격차 해소를 위해 어떤 노력이 진행되고 있는가?
- 디지털 리터러시(digital literacy) 역량은 무엇인가?
- 저작권과 CCL(Creative Commons License)은 무엇인가?

1. 원격수업과 학습 격차

1) 코로나19로 인한 전면 원격수업에 따른 학습 격차 문제는 무엇인가?

코로나19 전염병으로 인해 학교의 정상적 운영과 대면 수업이 어려워졌고 학생의 안전을 보호하기 위해 원격수업으로 전환이 이루어졌다. 코로나19 대응에 따라 등교 일수가 줄어들고 원격수업이 증가하면서 사회적으로 학습 결손에 대한 문제가 주목받게 되었다. 중위권 학생들이 줄어들고 양극화 현상으로 교육 격차가 확대되었다는 인식이 팽배하였다(한겨레, 2020). 가정의 경제적 수준에 따라 학습 격차에 관한 경기도교육연구원 조사(2020) 결과를 살펴보면 다음과 같다.

• 가정의 경제 수준에 따라 원격수업 환경의 차이가 있었다. 가정 환경이 열악할수록 원격수업에 집중하기 어렵거나 학습에 방해가 되는 장소에서 수업을 듣는다는 응답이 높았으며, 원격수업을 위한 전용 디지털 기기 소유 여부, 기기의 성능 측면에서 차이가 발생하였다.

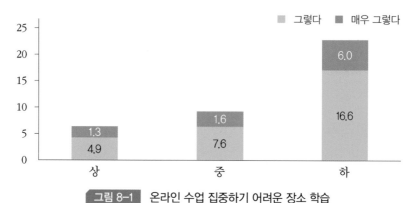

그림 8-1 온라인 수업 집중하기 어려운 장소 학습

출처: 정영란, 장은정(2004).

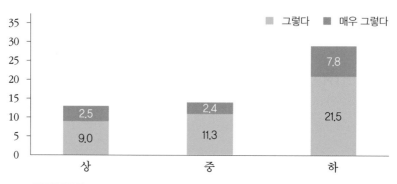

그림 8-2 온라인 수업 참여 시 사용하는 기기 노후화로 인한 학습 장애

출처: 이정연 외(2020).

- 원격수업에 대한 이해도와 학습 과정에서도 차이가 나타났다. 가정의 경제 수준이 낮을수록 원격수업 내용이 어렵다는 응답이 높았으며, 학습 도움을 받지 못해 학습 결손이 누적되는 경우가 많은 것으로 조사되었다. 경제 수준이 높을수록 보호자가 온라인 학습 지원과 지도를 더 잘하고 있었고, 학습의 어려움이 발생할 경우 사교육을 통한 학습 지원도 더 많이 하는 경향이 나타났다.

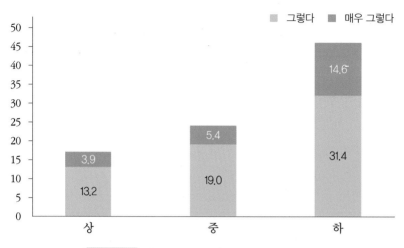

그림 8-3 온라인 수업 내용 이해 안 되고 불편함

출처: 이정연 외(2020).

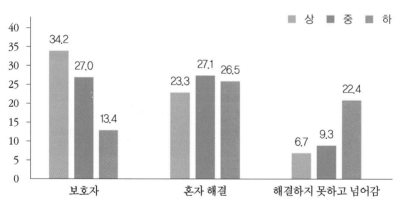

그림 8-4 학교 온라인 수업 내용 이해하기 어려울 때 해결 방법

출처: 이정연 외(2020).

2) 온라인 수업으로 인한 학습 격차를 해결하려는 어떤 대책이 실행되고 있는가?

온라인 수업으로 인한 학습 격차 해소를 위한 교육 안전망 강화 방안으로 교육부(2020)는, ① AI 활용 맞춤형 학습 지원, ② 원격수업 질 제고, ③ 디지털 기기 지원, ④ 장애, 다문화, 학업 중단 위기 학생 등 취약계층 대상 학습 지원 방안을 제시하였다.

• 학습 결손 해소 및 기초학력 향상을 위해 인공지능기반 수준별, 맞춤형 학습을 지원한다. '똑똑 수학탐험대'는 초등 1~2학년 대상으로 수학 영역에서 진단평가를 통해 인공지능기술을 활용하여 학습 결손이 예측되는 영역에 맞춤형 콘텐츠를 추천하며 게임

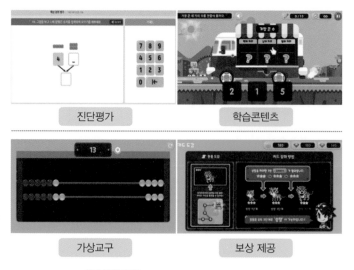

그림 8-5 똑똑 수학탐험대 화면 예시

출처: https://www.toctocmath.kr/#intro-anchor

그림 8-6   '인공지능(AI)' 펭톡 앱 화면 예시

출처: https://www.toctocmath.kr/#intro-anchor

형 문제해결활동 적용되었다. 초등 3~6학년 대상 '인공지능^{AI} 펭톡'은 인기 캐릭터 '펭수'를 활용하여 학생들이 스스로 영어 말하기 연습이 가능하도록 개발되었다. 음성 인식과 자연어 처리 인공지능을 적용하여 1대1 영어 대화 연습 서비스를 지원한다.

교육 격차 완화를 위해 저소득층 학생에게 스마트 기기, 모바일 데이터를 무상으로 지원하였다. 한편, 원격수업이 차질 없이 진행될 수 있도록 플랫폼을 개선하고, 교실 무선망, 노후 기자재를 정비하였다.

각 시·도교육청에서도 블렌디드 수업 활성화, 학습 지원 멘토링, 코칭 지원, 온라인 상담을 통한 정서 지원 등을 추진하고 있다.

| 표 8-1 | 학습 격차 완화를 위한 시도교육청 추진 방안 |

구분	시도별 추진 사항
블렌디드 수업 활성화 및 원격수업 질 제고	• 권역별 블렌디드 수업 활성화 거점학교, 선도학교 운영(서울, 전남) • 블렌디드, 프로젝트 수업 모델 보급, 온라인 콘텐츠 활용 선도학교 운영(12교) (대전) • 실시간 양방향 원격수업 확대, 피드백 강화(경기, 충북) • 소규모 학교 공동 교육과정 운영 및 복식 학급 수업 지원(경북)
맞춤형 지도를 통한 기초학력 보장 (두드림 학교, 학습종합클리닉센터 운영 등 공통적으로 추진하는 사항은 제외)	• 방과 후 학습 지원, 초 2 집중학년제, 찾아가는 컨설팅(서울) • 1 수업 2 교사제 등 협력 수업(서울, 대구, 세종, 충남) • 대학생 멘토링 및 학습 보조 강사제 등 맞춤형 학습 지원(대구, 광주, 세종, 경기, 강원) • 영어놀이터 구출, '다듣영어' 듣기중심 실용 영어교육(울산), 원어민 교사와 함께하는 영어 온라인 학습(세종) • 원격수업 소외계층 방문학습 지원 프로그램 운영, 원격 학습 도우미(친친샘, 초등) (인천) • 광주희망교실 309교 운영(광주) • 교육 균형발전 대상학교 운영(10교) (울산), 인력 · 기기 확보 예산 지원(서울) • 방학 중 집중교실 및 학력 향상 프로그램(서울, 세종, 경기, 충북) • 기초학력 전담교사제, 읍면 지역 온라인 공동교육과정 강화(전남) • 학생 맞춤형 학습코칭, 1:1 맞춤형 읽기 학습 및 기초수학 프로그램 운영(경남, 제주)
원격수업 콘텐츠 제공 · 플랫폼 운영	• 원격수업 배움터, 맞춤형 사이트 운영, 콘텐츠 개발(서울, 대구, 대전, 충남, 전남, 경남) • 원격교육 플랫폼 개선(인천) • 온라인 공동교육과정 운영(세종)

구분	시도별 추진 사항
교원 역량 강화 및 기본 연구 추진	• 원격수업 역량 강화 연수 및 컨설팅(서울, 대구, 인천, 대전, 경기, 충남) • 원격수업 사례집 개발 등 우수 사례 발굴 공유(서울, 인천, 경기) • 기초학력 보장 관련 연구(서울), 1 수업 2 교사제 안착 방안 연구(대전)
디지털 격차 해소	• 학교 무선망 구축 · 개선(부산, 인천) • 교원 PC 교체, 쌍방향 수업 물품(웹캠, 마이크 등) 지원(인천, 대전, 경기) • 저소득층, 다자녀 가정 스마트 기기 지원(부산, 충남) • 에듀테크 취약계층 학생 맞춤형 개별화 교육 프로그램 지원(대구) • 학교 온라인 스튜디오 구축(대전)
지역과 연계한 학생 성장 지원	• 돌봄 연계 · 돌봄 자람터, 다행복교육지구 및 부산마을교육공동체(부산), 충북행복교육지구 운영(충북) • 소규모 학교 체험 중심 특색 프로그램 운영(경북)
진로진학 정보 격차 해소	• 온라인 진로진학 특강, 온 · 오프라인 상담(인천), 권역별 대입 진학 상담, 진학지도 프로그램 운영(강원) • '세종대왕 진로진학정보센터' 구축 · 활용(세종)
다문화 · 특수교육 대상 학생 등 취약계층 지원	• 온라인 다국어(60개 언어 실시간 번역) 알림장 제공, 특수교육 대상 학생 블렌디드 수업 개발 및 심리 · 정서 지원(인천) • 한국어 디딤돌과정 온라인 학습 강좌 운영, 학교로 찾아가는 한국어교육(충북) • 교과교육 다가치 온라인 콘텐츠 제작(초등 1~2학년 교과 영상 콘텐츠 4개 언어, e-학습터 콘텐츠 번역 자막 지원(6개 언어, 613개 콘텐츠) (경남) • 다문화 학생 기초학력 학습 및 한글 해득, 독해력 신장 학력 지원(제주)

구분	시도별 추진 사항
상담 심리 정서 지원	• 학습 동기 강화를 위한 찾아가는 학습클리닉 확대(인천), 온·오프라인 병행 상담(대전) • 정서위기 학생 유형별 맞춤형 지원(모니터링, 집단 프로그램, 담임교사 가이드북 제공 등) (제주)
기타	• 교육재난지원금 지급(1인당 10만 원) (울산), 제주교육희망지원금 지원(1인당 30만 원) (제주) • 교육취약 지역 학교 대상 학교 기본 운영비 추가 지원, 고용위기 지역 자녀 교육비 지원(경남)

출처: 교육부(2020).

2. 정보 격차의 정의와 해소 방안

1) 정보 격차란 무엇이고 어떤 형태가 있는가?

'정보 격차' 혹은 '디지털 정보 격차digital divide'란 컴퓨터, 인터넷 네트워크, ICT 등 정보기술에 접근하는 사람과 그렇지 못한 사람과의 격차, 정보를 소유한 사람과 소유하지 않은 사람과의 격차, 정보 기술을 사용할 수 있는 사람과 그렇지 못한 사람들 사이에 발생하는 격차를 의미한다. 이때 정보기술을 통한 지식과 정보의 접근, 획득, 활용 측면의 격차를 지칭한다. 정보획득에서 뒤처진 자가 앞선 자와의 격차를 뛰어넘지 못하면 다양한 사회 참여, 소득 창출의 기회가 제한되는 문제가 발생한다(한태인, 곽덕훈, 2006). 따라서 정보 이용 기회의 불평등은 기존 사회의 불평등 구조를 확대, 고착화하여 심각한 사회, 경제적 갈등을 유발할 수 있다.

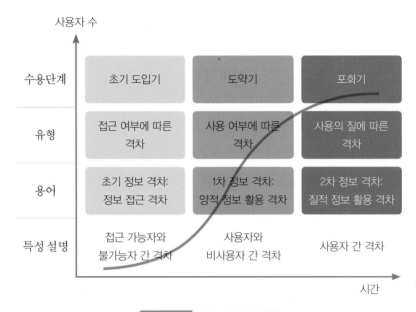

그림 8-7 정보 격차의 변화

출처: 최두진(2007).

디지털 격차는 로저스(Rogers, 2003)의 혁신확산이론^{diffusion of Inno-vations}의 기술의 생애주기, S 곡선^{S-shaped time path}에 의해 다양한 차원으로 설명될 수 있다. 디지털 격차는 크게 도입기^{early adaptation}, 도약기^{take-off}, 포화기^{saturation}인 세 단계로 세분화될 수 있다(Molnar, 2003). 첫째, 신기술의 도입기^{early adaptation}에 접근 격차는 정보통신 서비스나 기기 가격이 높게 책정되기 때문에 접근성 측면에서 차이가 발생한다. 둘째, 신기술의 도약기^{take-off}에는 정보통신기술이 확산되면서 정보통신 기기와 서비스에 접근할 수 있는 소비자들이 증가된 시기이다. 그러나 여전히 정보통신 기기와 서비스 이용이 개인에 따라 양적 차이가 존재한다. 셋째, 신기술의 포화기^{saturation} 단계는 정보에 접근할 수 있는 경로가 다양해

지고, 정보에 대한 접근 비용도 낮아진다. 그러나 정보의 홍수 속에서 정보 과부하를 경험하거나 정보 중독이 발생될 수 있다. 개인이 원하는 정보를 찾고 정보를 유용하게 활용할 수 있는 질적 활용 격차가 발생한다.

정보취약 계층으로 분류되는 장애인, 고령층, 저소득층, 농어민의 평균 디지털 정보 활용능력은 일반인의 수준에 비해 크게 떨어지는 것으로 조사되었다. 최근 공항, 영화관, 의료기관, 금융기관, 편의점, 패스트푸드점, 행정기관 등에 무인 단말기(키오스크, Kiosk)의 설치 및 운영이 확장되고 있다. 그러나 키오스크 등 무인 시스템은 정보취약계층에게 스마트폰이나 인터넷보다 더욱 큰 장벽이 되고 있다. 터치스크린 방식은 고령층에게는 글씨가 작고 속도가 빨라 어렵고, 장애인에게는 점자 및 휠체어 등의 접근성이 떨어지는 문제가 있다.

2) 정보 격차 해소를 위해 어떤 노력이 수행되고 있는가?

우리나라는 2001년 「정보 격차 해소에 관한 법률」을 제정하면서 정보 격차 개념을 정립하였다. 이후 「국가정보화 기본법」「지능정보화 기본법」으로의 개정을 통해 정보 격차 해소를 위한 정책 이행의 근거 조항을 마련하였고, 정보화교육, 정보통신 보조기기 보급 사업, 정보접근성 제고 사업 등과 같은 지원정책들을 시행해 오고 있다.

'소외 없는 디지털 세상'을 위해 2020년 과학기술정보통신부 정보통신전략위원회에서 '디지털 포용 추진계획'을 발표하였다. 디지털 포용 추진계획 4대 추진 과제로, ① 전 국민 디지털 역량을 강화, ② 포용적 디지털 이용 환경을 조성, ③ 디지털 기술의 포용적 활용을 촉진, ④ 디지털 포용 기반 조성을 제시하였다.

　주요 내용으로 주민센터, 도서관, 과학관 등 집 근처 생활 '(가칭)디지털 역량 센터'로 선정(연 1,000개소 순환 운영), 디지털 역량이 부족한 모든 국민에게 일상생활에 필요한 디지털 기본역량 교육을 실시하고 접근성이 어려운 중증 장애인 등을 위해서는 찾아가는 1:1 방문 디지털 역량 교육도 확대하여 장애인·고령층을 위해 디지털 기기·서비스의 접근성을 개선 등이 있다. 취약계층의 접근성을 보장해야 할 무인 단말기(키오스크)의 범위를 공공성, 사업자 규모 등을 고려하여 단계적으로 의무화하고, 무인 단말기의 SW 표준 모듈을 단계적으로 개발하여 민간에 보급·확산하고 있다.

3. 디지털 리터러시의 역량

1) 디지털 리터러시의 역량은 무엇인가?

　리터러시^{literacy}는 전통적으로 3Rs$^{Reading, wRiting, aRthmathic}$로 읽기, 쓰기, 셈하기를 의미한다. 즉, 디지털 리터러시$^{digital literacy}$는 컴퓨터나 인터넷, 디지털 미디어를 활용하는 기본 소양능력을 포함한다. 디지털 리터러시의 개념을 살펴보면 기본적인 소양 기능에서 사고, 태도, 문제 해결 등 범주가 누적적으로 확장된 경향을 보인다. 교육 분야의 디지털 리터러시의 개념적 정의는 다음과 같이 정리해 볼 수 있다.

　유럽 위원회$^{European Commission}$는 2016년 보고서에 디지털 역량$^{Digital Competence: Dig Comp}$ 2.0을 발표하였다. 디지털 역량 프레임워크는, ① 정보

표 8-2 **리터러시의 변천**

리터러시	시기	범주	비고
3Rs (Reading, wRiting, aRittmetic)	5,000년 전~	읽기, 쓰기, 셈하기	-기본적인 기능
시각 리터러시 (visual literacy)	1960년대 이후~	시각적 사고, 학습, 소통, 창출	
텔레비전 리터러시 (television literacy)	1950년대 이후~	시각 리터러시, 비판적 사고	-비판적 관점 처 음 부각
컴퓨터 리터러시 (computer literacy)	1980년대 이후~	컴퓨터에 대한 이해와 지식, 컴퓨터를 활용하는 능력, 컴퓨터에 대한 태도	
멀티미디어 리터러시 (multimedia literacy)	1990년대 이후~	정보, 소통, 멀티미디어 테크놀로지	
정보 리터러시 (information literacy)	1990년대 이후~	정보의 필요성 인식, 정보원 탐색, 비판적 사고	-정보의 중요성 인식
정보통신 리터러시 (information communications technology literacy)	1990년대 후반 이후~	매체 활용, 정보 탐색 및 선택, 정보 평가, 조직 및 종합, 문제 해결	-소통의 도구로 부각 -문제해결력 강조
미디어 리터러시 (media literacy)	1990년대 후반 이후~	정보 리터러시, 컴퓨터 리터러시, 영화 및 비디오 리터러시, 문화 리터러시	-메시지에 초점 -인쇄-비인쇄 매체 포함
디지털 리터러시 (digital literacy)	2000년대 이후~	컴퓨터 리터러시, 네트워크 리터러시, 정보 리터러시	-기술 습득을 넘 어 활용 능력 요구

디지털 리터러시의 정의

▶ 직장, 일자리, 창업과 같은 목적을 갖고 디지털 기술을 활용하여 정보를 안전하고, 적절하게 탐색하고, 관리하고, 이해하고, 통합하고, 소통하고, 평가하고, 창조할 수 있는 능력이다. 디지털 소양은 컴퓨터 리터러시, ICT 리터러시, 정보 리터러시, 미디어 리터러시에서 적용된 역량을 복합적으로 포함하고 있다(UNESCO, 2018).

▶ 디지털 사회 구성원으로서의 자주적인 삶을 살아가기 위해 필요한 기본 소양으로 윤리적 태도를 가지고 디지털 기술을 이해·활용하여 정보의 탐색 및 관리, 창작을 통해 문제를 해결하는 실천적 역량(김수환 외, 2017)

▶ 디지털 기술과 커뮤니케이션 도구로 적절하게 정보에 접근하고, 관리하고, 통합하고, 분석하고, 평가하며, 새로운 지식을 구성하고, 창조하고, 타인과 소통할 수 있는 흥미, 태도, 능력(MediaSmarts, 2015)

▶ 디지털 환경에서 학습자가 주도적이고 가치 있는 삶을 살아가기 위해 디지털 기술을 올바르게 이해하고 사용하여, 정보 및 그 내용물을 적절하게 탐색·활용하고, 비판적으로 분석·평가하며, 생산적으로 소통·창조하는 복합적인 역량(노은희, 신호재, 이재진, 정현선, 2018)

와 리터러시, ② 소통과 협업, ③ 디지털 콘텐츠 창출, ④ 보안, ⑤ 문제해결 다섯 가지의 주요 디지털 역량 영역과 영역별 상세 역량을 제시하였다.

유엔 교육 과학 문화기구, 유네스코^{United Nations Educational, Scientific and Cultural Organization: UNESCO}(2019)에서 아시아 태평양 지역 아동의 디지털 시민성에 관한 연구를 발표하였다. 디지털 시민성이란 "정보를 효과적으로 찾

표 8-3 │ 디지털 역량 2.0 구성

역량 영역	상세 역량 정의
정보와 데이터 리터러시 (information and data literacy)	1.1 데이터, 정보, 디지털 콘텐츠의 탐색 및 필터링(browsing, searching and filtering data, information and digital content) 1.2 데이터, 정보, 디지털 콘텐츠 평가(evaluating data, information and digital content) 1.3 데이터, 정보, 디지털 콘텐츠(managing data, information and digital content)
소통과 협업 (communication and collaboration)	2.1 디지털 기술을 통한 상호작용(interacting through digital technologies) 2.2 디지털 기술을 통한 공유(sharing through digital technologies) 2.3 디지털 기술을 통한 시민으로서의 참여(engaging in citizenship through digital technologies) 2.4 디지털 기기를 통한 협업(collaborating through digital technologies) 2.5 네티켓(netiquette) 2.6 디지털 신원 관리(managing digital identity)
디지털 콘텐츠 창출 (digital content creation)	3.1 디지털 콘텐츠 개발(developing digital content) 3.2 디지털 콘텐츠 통합과 정교화(integrating and re-elaborating digital content) 3.3 저작권과 라이선스(copyright and licences) 3.4 프로그래밍(programming)
보안 (safety)	4.1 기기 보호(protecting devices) 4.2 개인 데이터 및 사생활 보호(protecting personal data and privacy) 4.3 건강과 웰빙 보호(protecting health and well-being) 4.4 환경 보호(protecting the environment)

문제해결 (problem solving)	5.1 기술적 문제해결(solving technical problems) 5.2 요구와 기술적 대응 확인(identifying needs and technological responses) 5.3 창의적으로 디지털 기술 활용(creatively using digital technologies) 5.4 디지털 역량 차이 정의(identifying digital competence gaps)

출처: European Commission (2016).

고, 접근하고, 창작해 낼 수 있음; 활동적, 비판적이고, 세심하고, 윤리적인 방법으로 다른 사용자와 관계를 맺고 콘텐츠에 참여하며, 자신의 권리를 인식하면서 온라인과 ICT 환경을 안전하고 책임감 있게 검색할 수 있는 역량(UNESCO, 2016, p. 15)[3]"으로 정의된다. 디지털 시민성은 사회적으로 합의가 이루어진 공식적인 용어는 아니며, 주로 디지털 리터리시의 개념을 적용하고 있다(박상훈, 2020). 디지털 시민성은 디지털 사회 환경에서 미디어를 통한 소통을 강조한다는 점에서 일반 시민성과 구별된다.

유네스코에서 제안한 아시아 태평양 지역 아동의 디지털 역량은, ① 디지털 리터러시[digital literacy], ② 디지털 안전과 적응 유연성[digital safety & resilience], ③ 디지털 참여와 디지털 에이전시[4][digital participation & agency], ④ 디

---

3) "being able to find, access, use and create information effectively; engage with other users and with content in an active, critical, sensitive and ethical manner; and navigate the online and ICT environment safely and responsibly, being aware of one's own rights."

4) 디지털 에이전시(digital agency): 보통은 디지털 세계에서 영향을 미치도록 돕는 광고업체 등을 뜻하나, 여기서는 디지털 세계에 참여함으로써 사회에 영향을 미치는 것을 뜻함(서종원, 박정은, 2019).

표 8-4   아시아 태평양 아동의 디지털 역량

영역	역량	정의
1. 디지털 리터러시 (digital literacy)	1.1 ICT 리터러시 (ICT literacy)	데이터, 정보 및 콘텐츠에 액세스하고 검색하며 이를 활용할 수 있도록 디지털 환경에서 ICT 하드웨어 및 소프트웨어를 책임지고 관리하며 운영하는 기능
	1.2. 정보 리터러시 (information literacy)	디지털 정보를 탐색, 비판적으로 평가, 효과적으로 사용하여 정보에 입각한 결정을 할 수 있는 능력
2. 디지털 안전과 적응 유연성 (digital safety & resilience)	2.1 아동의 권리 이해 (understanding child rights)	국제 및 지역 환경에서 법적 권리와 의무를 이해하는 능력
	2.2 개인정보, 사생활, 명성 (personal data, privacy and reputation)	자신과 타인을 위해로부터 보호할 수 있는 동시에 개인 식별 가능 정보를 사용하고 공유하는 방법을 이해하는 능력. 정보 및 장치 보안 및 개인 보안 프로토콜에 대한 전략을 구현할 수 있음
	2.3 건강과 웰빙을 촉진, 보호 (promoting and protecting health and well-being)	자신과 타인의 신체적, 심리적 행복을 보호하고 개선하기 위해 건강 위험을 파악하고, 관리하며 디지털 기술을 사용하는 능력
	2.4 디지털 회복력 (digital resilience)	젊은이들이 직면하는 위험한 상황을 피하거나 대처하고 스스로를 개선할 수 있는 예방적, 사후 대응적 그리고 변화시키는 능력

영역	역량	정의
3. 디지털 참여와 에이전시 (digital participation & agency)	3.1 상호작용, 공유, 협력 (interacting, sharing and collaborating)	공유 목표를 달성하기 위해 적절한 디지털 기술을 사용하여 상호작용, 데이터, 정보 공유 및 다른 사용자와 협업할 수 있는 능력
	3.2 시민 참여 (civic engagement)	적절한 디지털을 통해 온라인 및/또는 오프라인에서 지역 및 글로벌 커뮤니티에 긍정적인 영향을 미칠 수 있는 기회를 인식하고, 찾고, 행동할 수 있는 능력과 의지
	3.3 네티켓 (netiquette)	다양한 디지털 환경에서 다양한 사람과 상호작용 및 참여할 때 선택 사항을 알리는 윤리적, 예의 바른 행위를 지닌 능력
4. 디지털 감성 지능 (digital emotional intelligence)	4.1 자기인식 (self-awareness)	자기성찰을 사용하여 자신의 기분, 감정, 충동을 설명할 수 있고, 이들이 디지털 환경에서 자신과 다른 사람들에게 어떻게 영향을 미치는지 설명할 수 있는 능력
	4.2 자기조절 (self-regulation)	온라인 참여 시 자신의 감정, 기분 및 충동을 관리할 수 있는 능력
	4.3 자발성 (self-motivation)	어려움에도 불구하고 내적·외적 목표를 달성하기 위해 진취적으로 노력하는 능력
	4.4 대인관계 능력 (interpersonal skills)	의사소통, 관계 형성, 신뢰 구축, 다양성 수용, 갈등 관리 및 올바른 의사결정을 위한 긍정적인 온라인 관계를 구축하는 능력
	4.5 공감 (empathy)	디지털 상호작용 중에 다른 사람의 감정, 요구 및 관심사에 대한 인식과 공감을 보여 주는 능력

영역	역량	정의
5. 디지털 창의성과 혁신 (digital creativity & innovation)	5.1 창의적 리터러시 (creative literacy)	기술을 적용하고 도구를 사용하여 디지털 콘텐츠를 창작, 수정, 관리할 수 있는 능력
	5.2 표현 (expression)	자신의 정체성을 표현하거나 창조적으로 표현하기 위해 테크놀로지를 사용하는 능력

출처: UNESCO (2019).

지털 감성 지능^{digital emotional intelligence}, ⑤ 디지털 창의성과 혁신^{digital creativity & innovation}이다(UNESCO, 2019). 이 다섯 가지 역량에 관한 정의를 살펴보면 다음과 같다. 첫째, '디지털 리터러시'는 디지털 도구를 사용하여 정보를 검색하고, 비판적으로 평가하고, 효과적으로 사용하여 정보를 근거로 의사 결정을 할 수 있는 능력을 의미한다. 둘째, '디지털 안전과 적응 유연성'은 디지털 공간에서 발생하는 위험, 해로움으로부터 자신과 다른 사람들을 보호하는 방법을 이해하는 능력이다. 셋째, '디지털 참여와 에이전시'는 적절한 디지털 기술을 통해 사회와 공정하게 상호작용하고 관여하며 긍정적인 영향을 사회에 미치는 능력이다. 넷째, '디지털 감성 지능'은 개인과 대인관계 수준에서 디지털 상호작용 중에 감정을 인식하고 탐색하고 표현하는 능력이다. 다섯째, '디지털 창의성과 혁신'은 ICT 도구를 활용한 디지털 콘텐츠 창출을 통해 자신을 표현하고 탐구하는 능력이다.

아시아태평양 지역 4개국(방글라데시, 피지, 한국, 베트남) 아동은 디지털 역량의 다섯 영역 중에서 '디지털 안전과 적응 유연성'이 높은 것으로 나타났고 '디지털 창의성과 혁신' 역량이 가장 낮은 것으로 밝혀

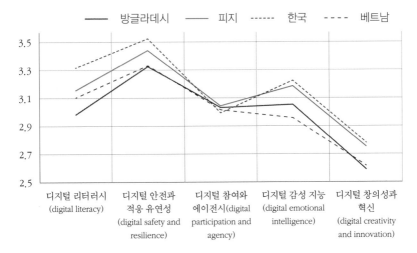

방글라데시 ── 피지 ------ 한국 ---- 베트남

그림 8-8 아시아 태평양 지역 4개국 아동의 디지털 역량 영역별 비교

출처: UNESCO (2019).

졌다. 또한 4개국 모두 여자 아이들이 남자 아이들보다 디지털 역량
이 높은 것으로 나타났고, 도시 지역 학교 아동은 시골 지역 학교 아동
보다 높은 역량을 나타냈다. 연구 결과, 디지털 역량 관련 정책으로 디
지털 격차를 좁히기 위한 협력, 분야 간 파트너십 개발, 디지털 기술과
안전을 넘어 전체론적인 디지털 시민성 개념 개발 및 측정 도구 개발
의 필요성을 제안하였다.

4. 저작권과 CCL

1) 저작권과 CCL은 무엇인가?

저작권이란 인간의 사상 또는 감정을 표현한 창작물에 대해 주어진 독점적 권리(「저작권법」 제2조 1 제1호)를 말한다. 저작권자는 자신의 저작물을 배타적이고 독점적으로 이용할 수 있는 권한을 가지며 저작물 이용자는 저작권자의 사전 허락을 받아야 이용할 수 있다.

저작물은, ① 인간의 사상이나 감정을 나타낸 것, ② 창작성이 있어야 하고, ③ 밖으로 표현(예: 글, 말, 소리 등)되어야 하는 요건을 갖추어야 한다. 저작물의 종류에는 음악, 글, 미술, 연극, 건축, 사진, 영상, 도형, 컴퓨터 프로그램이 있으며 다양한 형태의 자료와 방법을 선택, 배열하여 편집, 창작한 저작물도 있다. 이러닝 콘텐츠는 편집 저작물에 해당한다.

저작권의 특징

- **준물권성**: 저작물을 이용하려면 저작권자의 허락을 받아야 함
- **공공성**: 공익적인 목적을 위해서는 저작권이 제한될 수 있음
- **유한성**: 법에서 정한 기간 동안만 보호, 이 기간 이후에는 자유롭게 이용할 수 있음
- **분리성**: 저작권의 전부나 일부는 제3자에게 양도나 이전이 가능함
- **범세계성**: 국내뿐만 아니라 국제 협약 회원국에서도 자동으로 보호됨

「저작권법」 제46조에 의하면 저작재산권자는 다른 사람에게 본인의 저작물의 이용을 허락할 수 있고, 이용 허락을 받은 자는 "허락받은 이용 방법 및 조건의 범위 안에서" 저작물을 이용할 수 있다. 원칙적으로 다른 이의 이용을 금지하되 개별적인 계약으로 특정인에게만 이용을 허락하는 형태이다. 그러나 저작재산권자는 자신이 저작자임을 밝혀 준다면 많은 사람이 자신의 저작물을 이용하기를 바랄 수 있다. 이에 CCL^{Creative Common License}은 자신의 창작물에 대하여 다른 사람의 자유로운 이용을 허락하되 저작권자의 의사에 따라 일정 범위에 제한을 가하는 some rights reserved 방식의 자유 이용 라이선스^{license}이다.

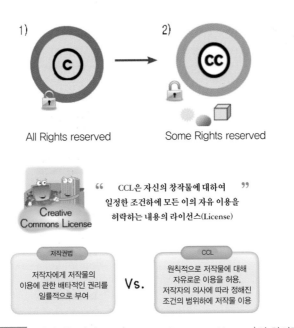

그림 8-9   저작권(CC)과 CCL(Creative Commons License)의 차이점
출처: http://www.creativecommons.or.kr

(i)	BY	저작자 표시ᴬᵗᵗʳⁱᵇᵘᵗⁱᵒⁿ 저작자가 나타내 주기를 원하는 이름, URL 등을 표시해야 한다는 의미로 모든 CCL의 필수 조건입니다.
(S)	NC	비영리ᴺᵒⁿCᵒᵐᵐᵉʳᶜⁱᵃˡ 영리목적의 이용을 금한다는 의미입니다.
(=)	ND	변경 금지ᴺᵒᴰᵉʳⁱᵛᵃᵗⁱᵛᵉˢ 저작물의 수정이나 2차적 저작물의 작성을 금한다는 의미입니다.
(↻)	SA	동일조건 변경 허락ˢʰᵃʳᵉᴬˡⁱᵏᵉ 같은 라이선스 조건을 적용하는 경우에만 2차적 저작물을 만들 수 있습니다.

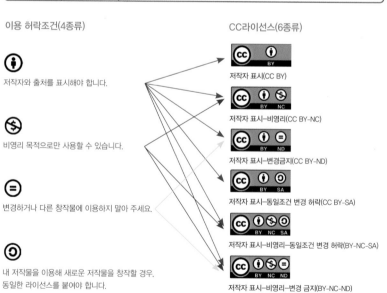

이용 허락조건(4종류)

(i)
저작자와 출처를 표시해야 합니다.

(S)
비영리 목적으로만 사용할 수 있습니다.

(=)
변경하거나 다른 창작물에 이용하지 말아 주세요.

(↻)
내 저작물을 이용해 새로운 저작물을 창작할 경우, 동일한 라이선스를 붙여야 합니다.

CC라이선스(6종류)

저작자 표시(CC BY)

저작자 표시-비영리(CC BY-NC)

저작자 표시-변경금지(CC BY-ND)

저작자 표시-동일조건 변경 허락(CC BY-SA)

저작자 표시-비영리-동일조건 변경 허락(BY-NC-SA)

저작자 표시-비영리-변경 금지(BY-NC-ND)

그림 8-10   저작권 표시

　자유 이용을 위한 요건으로, ① 저작자 표시, ② 비영리, ③ 변경금
지, ④ 동일조건 변경 허락 네 가지 '이용허락조건'을 바탕으로, 이를 조
합해서 여섯 가지 유형의 라이선스를 제시하였다. 저작권자는 여섯 개
의 라이선스 중 자신의 의사에 맞는 것을 선택하여 저작물에 적용하고
이용자는 저작권자의 CCL을 확인한 후에 저작물을 이용하여 당사자
들 사이에 개별적인 접촉 없이 이용 허락의 법적 계약이 성립한다. 인
터넷 검색으로 CCL이 적용된 저작물을 찾을 수 있다.

그림 8-11　flickr에서 CCL 사용

출처: https://www.flickr.com/creativecommons/

▶ 다음 설문을 통해 본인의 저작권 침해 지수를 확인해 볼 수 있다.

저작권 침해 지수			
학번	이름		
	자주 한다 (3점)	보통 한다 (2점)	전혀 하지 않는다 (1점)
1. 인터넷에서 마음에 드는 글이나 사진을 마음대로 퍼 온 적이 있다.			
2. 인터넷에서 검색한 뉴스 기사를 복사하여 나의 홈페 이지에 올렸다.			
3. P2P프로그램을 통해 공짜로 MP3 음악 파일을 다운 받아서 듣는다.			
4. 인터넷에 올려져 있는 기사나 리포트 등을 출처를 밝 히지 않고 그대로 학생들 교재로 활용한 적이 있다.			
5. 다른 사이트에 있는 이미지 자료나 글이 내 홈페이지 게시판에서 직접 뜨도록 링크를 걸었다.			
6. 좋아하는 가수의 노래 가사나 노래를 내 홈페이지의 배경 음악으로 올렸다.			
7. 직접 만들지 않은 이미지나 사진을 편집해 출처를 제 시하지 않고 수업 자료로 사용한 적이 있다.			
8. 학생들의 수업을 위해 출처를 밝히지 않고 책의 내용 을 사용한 적이 있다.			
9. 참고서와 문제집, 교재 등을 제본해서 사용하였다.			
10. 드라마와 영화 장면을 캡처해서 내 홈페이지에 올 렸다.			
총 점수			

점수 합계	저작권 침해지수	
24~30점	"어머! 당신 놀라워라! 저작권 외면이군요. 어쩌다 이렇게 되었나요? 저작권에 대해 자세히 알고 많이 조심하셔야 합니다."	
17~23점	"당신은 저작권 무심이입니다. 당신이 하는 일이 다른 사람의 저작권을 침해한다는 생각을 하면서 조금만 조심하면 안 될까요?"	
11~16점	"당신은 저작권 보호 도우미를 할 정도입니다. 지금 약간 위반하고 있는 것도 좀 더 신경 써 주세요."	
10점 이하	"당신은 저작권 지킴이예요. 지금처럼 계속해 주세요."	

핵심 요약

- 코로나19로 인하여 전면 원격수업이 이루어지며 '학습 격차' 문제가 대두됨. 학습 격차로 중위권 학생이 줄고 양극화 현상으로 교육 격차가 확대되었다는 인식이 증가함. 경제 수준이 낮을수록 원격수업 내용을 어려워하며, 학습 결손이 누적되는 경우가 많은 것으로 조사됨. 경제 수준이 높을수록 온라인 학습 지원과 지도를 잘하며 학습 어려움이 발생할 경우 사교육을 통한 학습 지원이 많은 경향이 있음.

- 학습 격차 해결 대책으로 교육부는 AI 활용 맞춤형 학습 지원, 원격수업 질 제고, 디지털 기기 지원, 장애 · 다문화 · 학업중단 위기 학생 등 취약계층 대상 학습지원 방안을 제시함.

- 정보 격차 혹은 디지털 정보 격차란, 컴퓨터, 인터넷 네트워크 등 정보기술에 접근 가능한 사람과 그렇지 못한 사람과의 격차, 정보를 소유한 사람과 소유하지 않은 사람 사이의 격차, 정보 기술을 사용할 수 있는 사람과 그렇지 못한 사람들 사이에 발생하는 격차를 의미함.

- 정보 격차 해소를 위한 노력으로 2020년 과학기술정보통신부 정보통신전략위원회에서는 전 국민 디지털 역량 강화, 포용적 디지털 이용 환경 조성, 디지털 기술의 포용적 활용 촉진, 디지털 포용 기반 조성을 추진 과제로 제시함.

- '디지털 리터러시'는 컴퓨터나 인터넷, 디지털 미디어를 활용하는 기본 소양 능력을 포함하는 개념으로 디지털 환경에서 학습자가 주도적이고 가치 있는 삶을 살아가기 위한 디지털 기술 이해, 정보 활용 등과 관련한 복합적인 역량임.

- 저작권은 인간의 사상 또는 감정을 표현한 창작물에 대해 주어진 독점적인 권리로 이러닝 콘텐츠는 편집 저작물에 해당함. 저작권자는 저작물에 대해 배타적이고 독점적 이용 권한을 가지며 저작물 이용자는 저작권자의 사전 허락을 받아야 함.

● CCL(Creative Commons License)은 자신의 창작물에 대하여 다른 사람의 자유로운 이용을 허락하되 저작권자의 의사에 따라 일정 범위에 제한을 가하는 방식의 자유 이용 라이선스임.

도움이 되는 온라인 자료

- [저작권] 자유이용허락표시/저작권 표시 한번에 정리/CCL 저작물/공유마당/저작권 쉽게 표시하는 법/출처 남기는 법 https://www.youtube.com/watch?v=tkvNqg9F6-8.

- 교육부 원격수업 저작물 Q&A '학생편' https://www.moe.go.kr/boardCnts/view.do?boardID=340&boardSeq=80332&lev=0&searchType=S&statusYN=W&page=1&s=moe&m=020201&opType=N.

- 미래교육 플러스-디지털 리터러시 교육 1부-①-정보를 읽는 능력을 키워라! https://www.youtube.com/watch?v=i_cPF7_Nzrw.

- 미래교육 플러스-디지털 리터러시 교육 1부-②-정보를 읽는 능력을 키워라! https://www.youtube.com/watch?v=MjOR_HAUrl4.

- 미래교육 플러스-디지털 리터러시 교육 2부-디지털 시민, 역량을 길러라! https://www.youtube.com/watch?v=jSkheUHBdQY.

- 선생님을 위한 원격수업 저작권 3가지만 아시면 됩니다 https://www.youtube.com/watch?v=wv8-ibU7Fcg.

- 열린소통포럼 발제1_"디지털 격차, 시간이 해결해주지 않는다"-김봉섭 연구위원(한국정보화진흥원) https://www.youtube.com/watch?v=pV670cQ1ad4.

- 원격수업을 위한 저작물, 이렇게 이용해주세요!-교사편 https://www.korea.kr/news/visualNewsView.do?newsId=148871475.

- 정보화시대! 미디어 리터러시가 왜 필요할까? [교육부 국민 서포터즈] https://www.youtube.com/watch?v=Gi03F6crb8Q.

- EBS 미래교육 플러스-학습 격차, 어떻게 해결할 것인가? https://www.youtube.com/watch?v=FOtOOnmBVjM.

제9장

이러닝의 실무와 진로

이 장의 **초점 질문**

- 이러닝 산업 구조와 현황은 어떠한가?
- 이러닝 영역별 수행 업무는 무엇인가?
- 이러닝 직업 자격증 및 연수는 어떤 것이 있는가?
- 이러닝 관련 단체와 조직은 어떤 것이 있는가?

1. 이러닝의 산업 구조 및 현황

1) 이러닝 산업 구조와 현황은 어떠한가?

이러닝 산업은 콘텐츠 산업, 솔루션 산업, 서비스 산업 크게 세 가지로 구분된다. ① 콘텐츠 산업은 이러닝에 필요한 학습 정보와 자료를 멀티미디어 형태로 개발, 제작, 가공, 유통하는 산업을 지칭한다. ② 솔루션 산업은 이러닝 콘텐츠를 전달하기 위해 필요한 플랫폼, 학습관리 시스템Learning Management System: LMS과 저작도구를 개발, 제작, 가공, 유통하는 산업이다. ③ 서비스 산업은 온라인으로 교육, 훈련, 학습 등을 정

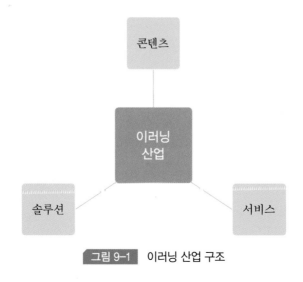

그림 9-1 이러닝 산업 구조

보통신 네트워크를 통해 개인, 기업 및 기관에게 직접 서비스를 제공하는 사업과 이러닝 교육 및 구축 등 이러닝 사업 제반에 관한 컨설팅을 수행하는 산업이다.

해마다 산업통상자원부와 정보통신산업진흥원의 주관으로 이러닝 산업 현황 및 동향을 파악하는 이러닝 실태 조사 결과가 발표된다. 조사의 주요 내용은 공급자 부문(콘텐츠, 솔루션, 서비스) 영역의 이러닝 산업 규모 및 현황과 수요자 부문(개인, 단체)의 이러닝 이용 현황이 포함되어 있다. 2019년 이러닝 실태 조사 결과에 따르면, 이러닝 사업자 수는 총 1,811개이며, 대표 산업 분야를 보면, 서비스 사업자 1,127개,

표 9-1 사업 분야별 이러닝 사업자 수 추이   (단위: 개, %, %p)

구분	2015년		2016년		2017년		2018년		2019년		전년 대비 증감	
전체	1,765	100.0	1,639	100.0	1,680	100.0	1,753	100.0	1,811	100.0	58	3.3
콘텐츠	411	23.3	392	23.9	408	24.3	412	23.5	431	23.8	19	4.6
솔루션	238	13.5	221	13.5	232	13.8	240	13.7	253	14.0	13	5.4
서비스	1,116	63.2	1,026	62.6	1,040	61.9	1,101	62.8	1,127	62.2	26	2.4

출처: 산업통상자원부(2020).

표 9-2 이러닝 사업자 총 매출액   (단위: 백만 원, %, %p)

구분	2018년		2019년		전년 대비 증감률	평균 매출액
	매출액	구성비	매출액	구성비		
소계	3,845,009	100	3,951,593	100	2.8	2,182.0
콘텐츠	730,126	19.0	751,212	19.0	2.9	1,743.0
솔루션	365,167	9.5	366,216	9.3	0.3	1,447.5
서비스	2,749,716	71.5	2,834,165	71.7	3.1	2,514.8

출처: 산업통상자원부(2020).

콘텐츠 사업자 431개, 솔루션 사업자 253개로 나타났다. 한편, 이러닝 매출액은 3조 9,515억 원으로 전년 대비 2.8%p 증가하였다. 2019년 이러닝업 인력 수는 28,211명으로 추정된다. 전체 인력 중 과정 운영자 인력이 22.8%로 가장 높은 비중을 차지하였다.

표 9-3 직무별 이러닝 인력 수(구성비)   (단위: 명, %)

구분		전체 합계	이러닝 컨설턴트	이러닝 교수 설계자	이러닝 콘텐츠 개발자	이러닝 영상 제작자	이러닝 시스템 개발자	이러닝 과정 운영자	기타
전체	인력 수	28,211	4,160	2,367	6,417	1,340	4,624	6,429	2,874
	구성비	(100.0)	(14.7)	(8.4)	(22.7)	(4.7)	(16.4)	(22.8)	(10.2)
성별	남성	15,139	2,892	788	3,607	853	3,449	2,345	1,205
	여성	13,072	1,268	1,579	2,810	487	1,175	4,084	1,669
연령대별	20대	5,229	516	539	1,146	312	836	1,292	588
	30대	13,323	1,893	1,046	3,126	765	2,251	3,248	994
	40대	8,105	1,543	657	1,728	243	1,412	1,614	908
	50대 이상	1,554	208	125	417	20	125	275	384
경력별	3년 미만	6,024	630	630	1,312	393	1,008	1,518	533
	3~5년 미만	10,325	1,023	894	2,479	573	1,651	2,836	869
	5~10년 미만	8,155	1,450	631	2,051	282	1,323	1,432	986
	10년 이상	3,654	1,041	209	567	91	633	634	479

출처: 산업통상자원부(2020).

2. 이러닝의 영역별 수행 업무

1) 이러닝 영역별 수행 업무는 무엇인가?

(1) 이러닝 기획자/컨설턴트

이러닝 컨설턴트는 이러닝 사업 계획, 교육 프로그램의 개발 방향을 기획 제안하고, 프로젝트 매니저로서의 관리 역할을 수행, 컨설팅 업무를 총괄한다. 기획자, 프로젝트 매니저[PM], 프로젝트 리더, 프로그램 감독으로 불리기도 한다. 이러닝 프로그램 개발 과정에서의 예산, 시간, 인력, 품질 등을 관리한다. 프로젝트 팀 구성원에 대한 관리와 지도를 맡으며, 평가에 따른 피드백, 수정과 개정, 진행 과정을 팀원들에게 전달하는 역할을 수행한다(Horton, 2001). 이러닝 컨설턴트에게 필요한 역량으로는 의사소통능력, 문제해결능력, 자원활용능력, 대인관계능력, 조직이해능력 등이 있다(김선태, 나현미, 2008).

(2) 교수설계자

교수설계자는 이러닝 콘텐츠에 관한 교육 목표, 학습자 및 이러닝 환경 분석 및 기획, 교수 학습 및 평가 전략 설계, 인터페이스 화면 구성 설계, 스토리보드 작성, 학습 콘텐츠 검수 등의 업무를 수행한다. 교수설계자의 역량은 요구분석능력, 교수설계능력, 의사소통능력, 매체 활용능력, 자원활용능력, 대인관계능력, 자기관리 및 개발 능력 등으로 정리할 수 있다(최미나, 장은정, 2010).

(3) 콘텐츠 개발자

콘텐츠 개발자는 이러닝 콘텐츠 개발에 필요한 다양한 멀티미디어 자료를 구현하는 작업을 수행하는 직무이다. 콘텐츠 개발을 위한 그래픽 디자이너, 동영상 제작자, 웹 프로그램 개발자, 애니메이션 제작자를 포함하며 멀티미디어 개발을 위한 이미지 디자인, 음성 녹음, 영상 촬영 및 편집 업무 등이 있다.

(4) 시스템 개발자

시스템 개발자는 이러닝 콘텐츠 운영을 위한 기술적 인프라를 개발하고 하드웨어적인 시스템을 개발하는 자로, 네트워크 관리자와 서버 프로그래머 등의 업무를 담당한다. 이러닝에서 학습관리시스템^{LMS}, 학습 콘텐츠 관리 시스템^{LCMS} 개발을 위하여 컴퓨터 프로그래밍에 참여하는 기술 인력을 이러닝 시스템과 관련된 기술적 환경과 서비스 과정을 관리한다.

(5) 서비스 운영자(조교, 튜터 등)

서비스 운영자는 이러닝 과정의 운영을 총괄적으로 관리하면서, 이러닝 전반에 관한 과정 운영, 학사 운영, 결과 관리의 업무를 담당하는 역할을 수행한다. 기술적 지원, 학사 및 학습 활동 지원을 제공하여 교수-학습 활동 조력자, 상호작용 촉진자, 준내용 전문가의 직무를 담당한다.

3. 이러닝 직업 자격증 및 연수

1) 이러닝 직업 자격증 및 연수는 어떤 것이 있는가?

(1) 이러닝 지도사

이러닝 지도사 자격증은 이러닝 튜터, 교수설계자, 개발자, 운영자, 이러닝 기획자, 이러닝 컨설턴트 등이 이러닝 관련 업무를 수행하는 데 필요한 기본 이론 및 실무 지식을 평가하여 자격을 부여하는 자격인증제도로 (사)한국U러닝 연합회에서 발급하는 민간 자격증이다.

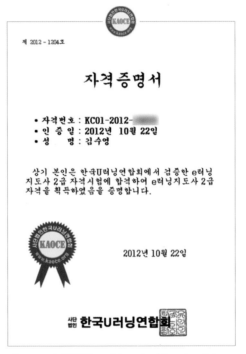

출처: https://www.ilearn.or.kr:9225/new/elearning/elearning_intro.asp

　만 19세 이상 고등학교 졸업 이상의 학력을 지닌 사람은 누구나 응시 가능하며, 이러닝 지도사 자격증은 1급과 2급으로 구분된다. 2급 자격시험은 연 4회 시험이 있고 이러닝 지도 실무 과목으로 객관식과 주관식을 포함하여 41문제 컴퓨터 시험(30분)으로 실행된다. 합격 점수는 총 70점 이상이면 2급 이러닝 지도사 자격을 취득할 수 있다. 이러닝 지도사 2급 시험에 합격하고 보수 교육을 수료한 사람은 한국U러닝연합회에서 개최하는 세미나에 무료로 참가할 수 있다.

　이러닝 지도사 1급은 이러닝 지도사 2급 자격을 취득한 자가 지원 가능하면 연 2회 검증시험이 있다. 응시 과목은, ① 이러닝 기획 실무, ② 이러닝 개발 및 운영 실무, ③ 이러닝 교수설계 실무 세 과목을 대

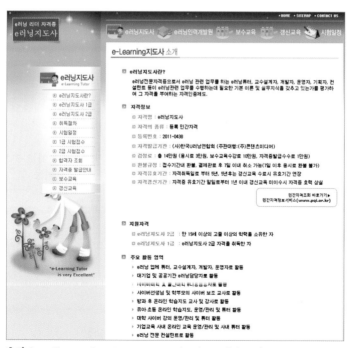

출처: http://www.elearningpartner.org/kor/view.do?no=6

상으로 실시되며 세 과목 평균 70점 이상일 경우 합격이 가능하다. 단,
과목별로 50점 이하는 과락 처리된다.

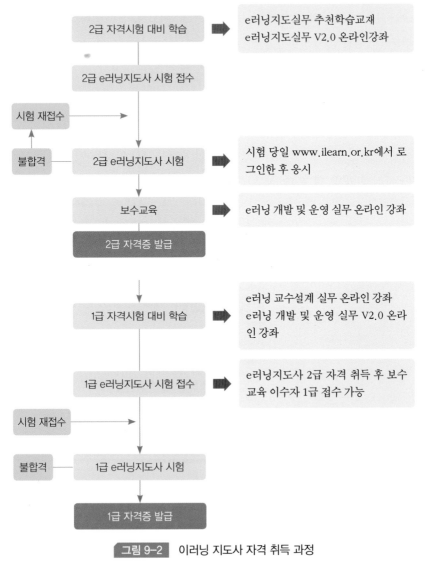

그림 9-2 이러닝 지도사 자격 취득 과정

출처: http://www.e-kala.kr/

(2) 이러닝 국제 컨설턴트

이러닝 국제 컨설턴트는 한국의 선진화된 교육정보화 경험을 교류 협력국에 전수하여 국제 사회의 정보 격차 해소 역할을 수행할 수 있도록 교육정보화^{Information and Communication Technology: ICT} 분야, 국제개발협력^{Official Development Assistance: ODA} 분야 인력을 위한 과정이다. 이러닝 국제 컨설턴트는 한국의 ICT 성공 경험과 정책개발·실행 노하우를 교류 협력국 정부를 대상으로 기술 및 정책 자문, 기술 협력 등을 수행하여 교류국의 교육정보화정책 역량강화를 지원하는 사업에 참여한다. 교육부 주관 한국국제협력단^{KOICA}과 한국교육정보진흥협회^{KEFA} 기관에서 이러닝 국제 컨설턴트 양성 교육과정 기본 과정과 심화 과정을 운영한다.

수요조사/협의 및 계획
- 수요조사 및 교육정책과 연계
- 교류협력국과 협의
- 국내 교육기관 간 협의
- 기본 계획 수립

초청연수 및 기자재 지원
- 맞춤형 연수과정 개발
- 초청연수 실시
- 활용중심 이러닝 기자재 지원
- 기자재 관리 및 활용의 체계화

교류협력국 현장 추수활동
- 방문연수
- 교육정보화 정책컨설팅
- 초청연수 후 성과 확인
- 기자재 활용 및 관리 점검

모니터링 및 성과 평가
- 연수 후 현업적용도 분석
- 기자재 활용도 분석
- 우수 사례 발굴
- 사업 백서 발간

지속 가능한 네트워크
- 교육인적네트워크 구축 및 유지
- 한-교류협력국 주한공관 간 정책 협의회(e-learning club) 개최
- 한-교류협력국 교사 교류(온/오프라인)
- 전국 시도교육청 협의회 개최

출처: http://www.e-kala.kr/

4. 이러닝 관련 단체 및 학회

1) 이러닝 관련 단체와 조직은 어떤 것이 있는가?

(1) 한국이러닝협회(http://www.e-kela.kr/)

이러닝 기업의 경쟁력 확보를 목적으로 노동부 산하기관인 비영리 사단법인으로 승인을 받아 2003년 6월 설립되었으며, 이러닝을 활용한 직업능력 개발을 중심으로 자체 및 위탁 훈련기관의 의사결정 기구로서 역할을 수행하고 있다. 한국이러닝협회의 주요 사업은 연구 개발과 직업능력 개발훈련 사업이며, 제도 개선을 위한 연구 용역, 우수사례 발굴사업, 원격훈련 연수와 관련하여 정부기관과 공동으로 진행한다.

(2) 한국에듀테크산업협회(http://www.ketia.kr/)

한국에듀테크산업협회는 2002년 한국이러닝산업협회로 설립되어 이러닝 산업의 발전과 관련 생태계 조성에 노력을 해 왔으며, 2017년에 명칭을 변경하였다. 한국에듀테크산업협회는 4차 산업혁명과 교육혁명 시기를 맞아 지식정보사회의 국가 경쟁력을 높이고, 전 국민 평생학습 지원 체계를 구축하기 위해 에듀테크 및 이러닝의 활성화를 추진함과 아울러 지식 서비스 산업으로 육성, 발전시키고 회원사 간의 정보 교류와 업계 공동의 발전을 도모함을 목적으로 한다.

(3) 한국교육정보진흥협회(http://kefa.or.kr)

한국교육정보진흥협회(Korea Education Frontier Association: KEFA)는 교육 현장의 정보통신기술 활용을 촉진하며, 이를 통하여 교육혁신과 인적 자원 개발을 진흥하기 위해 교육부 소관 기관으로 2001년에 설립되었다. 한국교육정보신흥협외는 국내 교육정보와 박람회, 이러닝 국세 박람회(이러닝코리아, 에듀테크 코리아), 국제 콘퍼런스 등을 통한 교육정보화 산업의 발전에 기여하였다. 2010년부터는 시 · 도교육청과 함께 국내

교육정보화의 우수성을 해외에 알리는 이러닝 세계화 사업을, 2011년
부터는 한국형 첨단 교육서비스의 해외진출 지원 사업과 공공정보통
신망 서비스 사업 등을 통해 국가 위상 강화에 노력하였다.

핵심 요약

- **이러닝 산업**은, ① 콘텐츠 산업, ② 솔루션 산업, ③ 서비스 산업으로 구분됨. **콘
  텐츠 산업**은 이러닝에 필요한 학습 정보와 자료를 멀티미디어 형태로 개발, 제
  작, 가공, 유통하는 산업임. **솔루션 산업**은 플랫폼, 학습관리 시스템과 저작도구
  를 개발, 제작, 가공, 유통하는 산업임. **서비스 산업**은 정보통신 네트워크를 통
  해 개인, 기업 및 기관에 직접 서비스를 제공하는 사업과 이러닝 사업 제반에
  관한 컨설팅을 수행하는 산업임.

- 이러닝 영역별 수행 업무로 이러닝 기획자 및 컨설턴트, 교수 설계자, 콘텐츠 개발자, 시스템 개발자, 서비스 운영자로서의 업무가 있음.

- **이러닝 컨설턴트**는 이러닝 사업 계획, 교육 프로그램 개발 방향 기획, 프로젝트 매니저로서의 관리 역할을 수행, 컨설팅 업무를 총괄함. **이러닝 컨설턴트에게 필요한 역량**으로는 의사소통능력, 문제해결능력, 자원 활용능력, 대인관계 능력, 조직 이해 능력 등이 있음.

- **교수 설계자**는 이러닝 콘텐츠에 관한 교육 목표, 학습자 및 이러닝 환경 분석 및 기획, 교수 학습 및 평가 전략 설계, 인터페이스 화면 구성 설계 등 업무를 수행하며 요구분석 능력, 교수 설계 능력, 의사소통능력, 매체 활용 능력 등이 필요함.

- **콘텐츠 개발자**는 이러닝 콘텐츠 개발에 필요한 다양한 멀티미디어 자료를 구현하는 작업을 수행함.

- **시스템 개발자**는 이러닝 콘텐츠 운영을 위한 기술적 인프라 개발, 하드웨어적 시스템을 개발함. 네트워크 관리자와 서버 프로그램 업무를 담당함.

- **서비스 운영자**는 이러닝 과정의 운영을 총괄적으로 관리하면서 이러닝 전반에 관한 과정 운영, 학사 운영, 결과 관리의 업무를 담당하는 역할을 수행함.

- **이러닝 지도사 자격증은** 이러닝 튜터, 교수 설계자, 개발자, 운영자, 이러닝 기획자, 이러닝 컨설턴트 등 관련 업무를 수행하는 데 필요한 기본 이론 및 실무 지식을 평가하여 자격을 부여함. **이러닝 국제 컨설턴트**는 한국의 선진화된 교육정보화 경험을 교류 협력국에 전수하여 국제 사회의 정보 격차 해소 역할을 수행할 수 있도록 교육정보화 분야, 국제개발협력 분야의 인력을 위한 업무를 담당함.

도움이 되는 온라인 자료

 • [미래직업] 삶의질향상 직업 05. 이러닝교수설계자 https://www.youtube.com/watch?v=rrlUUuaXWwU.

 • 잡매거진-라이징 JOB(이러닝 지도사) https://www.youtube.com/watch?v=ptjPr4BzmqI.

 • 코로나 이후의 이러닝지도사 역할변화-기존에 보조자에서 이젠 대체자 혹은 온라인 완전학습 기획자로 https://www.youtube.com/watch?v=CyhAilUHOMY.

 • 한국에듀테크산업협회-글로벌 에듀테크 선도국가의 산업 생태계를 발전시키는 기업들의 든든한 파트너 https://youtu.be/oWgE3236ucc.

제**10**장

미래 교육과 이러닝

이 장의 초점 질문

- 4차 산업혁명 시대의 사회 변화는 어떠한가?
- 미래 교육의 이러닝은 어떤 모습으로 발전하고 있는가?

1. 4차 산업혁명과 미래 교육

산업혁명은 사회·경제적 구조 변화로 18세기 영국에서 시작된 증기기관 기반의 1차 산업혁명, 19세기 전기 기반의 2차 산업혁명, 20세기 컴퓨터 기반의 정보화 혁명이 역사적으로 발달되어 왔다. 2016년 세계경제포럼World Economic Forum에서 클라우스 슈바프K. Schwab 회장은 정보통신기술을 바탕으로 물리적, 생물학적, 디지털적 모든 경계를 허무는 융합 기술 혁명을 4차 산업혁명으로 정의하여 제시하였다. 4차 산업혁명은 인공지능, 빅데이터를 기반으로 사람-사물-공간의 '초연결성' '초지능화' '융합화'를 특징으로 한다.

과거 1, 2, 3차 산업혁명을 통해 인간의 육체노동 중 많은 부분을 기계가 대치하였다. 빨래는 세탁기가 하고 식기세척기로 설거지를 하는 것이 익숙한 우리의 삶이다. 4차 산업혁명으로 인간의 지적 영역을 빅데이터, 인공지능 기술로 지원받게 된다. 사물인터넷, 클라우드 기술은 다양한 센서와 단말기를 통해 네트워크로 상호작용하게 된다. 인간과 기계의 상호보완적인 협업을 통해 창의, 판단, 감성 등 인간 고유의 일에 보다 더 집중할 수 있게 되어 인간의 삶의 질이 향상될 것이다.

출처: https://zdnet.co.kr/

그림 10-1   산업혁명의 발달

표 10-1   산업혁명 단계별 특징

	1차 산업혁명	2차 산업혁명	3차 산업혁명	4차 산업혁명
시기	18세기 후반 (1784)	19세기 후반 (1870)	20세기 후반 (1969)	21세기 (2010~)
혁신 동력	증기기관	전기	컴퓨터, 인터넷	빅데이터, 인공지능 사물인터넷(IoT)[1]
특징	기계화, 산업화	전기화, 대량생산	정보화, 자동화	지능화, 융합화

  지능정보기술이 기하급수적으로 발전함에 따라 교육 현장에도 큰
영향을 주고 있다. 미래 사회에는 기계와 인간이 공존하며 인간의 창
의적 문제해결력과 잠재력을 최대한 지원하기 위해 지능정보기술이
적극 활용될 것이다.

---

1) 사물인터넷(Internet of Things: IoT)은 각종 사물에 센서와 통신 기능을 내장하여 인터넷에
   연결하는 기술. 즉, 무선 통신을 통해 각종 사물을 연결하는 기술을 의미한다(위키백과).

지능정보기술이 가져오는 긍정적 변화로 빅데이터를 통한 학습자, 학습 과정에 관한 정보에 기반하여 개인별 맞춤형 교육이 가능해질 것이다. 또한 가상현실^{Virtual Reality: VR}과 증강현실^{Augmented Reality: AR} 기술은 현실과 가상공간의 융합을 통해 새로운 학습 경험을 제공할 수 있다. 또한 로봇을 활용하여 인간의 인지적, 신체적 한계를 극복할 수 있다.

2. 가상현실, 증강현실 기술과 실감형 콘텐츠

4차 산업혁명을 이끌 핵심 기술로 가상현실^{Virtual Reality: VR}, 증강현실^{Augmented Reality: AR}에 대한 관심이 높아지는 가운데, 혼합현실^{Mixed Reality: MR}까지 가세하면서 이용자의 몰입경험^{immersive experience}을 제공하는 산업이 크게 성장하고 있다. 가상현실은 실제로 존재하지 않으나 만들어진 가상의 현실을 제공하는 영상 기술을 칭한다. 보통 HMD^{Head Mount Display}라는 기기를 머리에 쓰고 체험한다. 증강현실은 현실 공간의 특정 장면에서 실제로 존재하지 않은 가상의 이미지를 겹쳐서 보여 주는 기술이다. 가장 잘 알려진 증강현실 예시는 '포켓몬 고^{Pokemon GO}'이다. 혼합현실은 가상현실과 증강현실의 장점을 합친 영상 기술로 가상 객체와 현실 세계에 사용자와의 상호작용을 더욱 강화한 기술이다. 혼합현실에서는 헤드셋을 벗지 않은 상태로 현실의 물건과 가상의 물건을 모두 조작할 수 있다. 한편, XR^{eXtended Reality} 확장 현실은 AR, VR, MR을 포괄하는 의미로 사용된다.

가상현실, 증강현실, 혼합현실이 적용된 실감형 콘텐츠는 재난 등 위험한 상황, 우주여행 등 고비용, 고대가성의 상황에서 간접 체험이

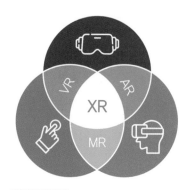

그림 10-2　확장 현실(XR)의 개념도

출처: 2020 marketing innovation (2019).

가능하여 교육적으로 유용하다. 가상현실과 증강현실의 교육적 효과로 주의집중, 학습 흥미 및 동기, 학습 만족감, 몰입감, 학업 성취도 측면에서 상당한 효과가 입증되었다(박현린, 손은남, 2020).

이러닝 환경에서 실감형 콘텐츠는 학습 실재감[presence]과 몰입감[immersion]을 높여 준다(Bronack, 2011). 초등학교, 중학교 사회와 과학과 디지털 교과서에 AR, VR 실감형 콘텐츠가 제시되어 교육과정과 연계하여 학교 교육에서 활용할 수 있다. 실감형 콘텐츠를 활용한 체육 수업은 미세먼지가 많은 날, 비나 눈이 많이 오는 날 등 체육 활동하기 어려운 환경에서도 차질 없이 안전하게 체육활동을 할 수 있게 한다. 특히 HMD나 스마트폰 등 디바이스 기기를 사용하지 않고 스크린을 통해 저비용으로 가상현실을 체험하며 경험하기 힘든 스포츠 기구부터 큰 공간이 필요한 체육활동까지 도구적 · 공간적 제약을 극복 가능하며, 여학생, 운동 기피군, 장애학생들에게 체육교육의 기회를 균등하게 제공할 수 있다는 장점이 있다.

● 디지털 교과서에서 실감형 콘텐츠 이용하기

출처: https://dtbook.edunet.net/viewCntl/ARMaker?in_div=nedu&pg=listOne

소중한 우리영토, 독도 (중학교 사회 1)	심장과 온몸에서의 혈액순환 (중학교 과학 2)

그림 10-3 중학교 사회·과학 디지털 교과서

출처: https://dtbook.edunet.net/viewCntl/ARMaker?in_div=nedu&pg=listOne

서울 옥수초등학교	옥천 이원초등학교	인천 송도초등학교

그림 10-4 가상현실 체육 교육 시범사업

출처: https://dtbook.edunet.net/viewCntl/ARMaker?in_div=nedu&pg=listOne

3. 학습 분석과 맞춤형 학습

　디지털시대에 온라인 학습 활동에서 많은 양의 데이터가 축적된다. 학습 분석^{Learning analytics: LA}은 "학습 과정을 평가하고 미래의 성과를 예측하며 잠재적 이슈를 발견하기 위해 학습자로부터 생산된 광범위한 자료를 수집하고 해석하는 활동(Johnson, Smith, Willis, Levin, & Haywood, 2011)"으로 정의된다. 이러닝 환경에서 학습자의 학습 활동 데이터를 추적하여 학습자의 문제점과 수준을 진단하며 대시보드 형태로 데이터 분석 결과를 제시하여 학습 성과를 촉진하는 것을 목적으로 한다. 학습 분석의 결과는 학습 수행 과정과 결과에 관해 관심 있는 학습자, 교수자, 학부모뿐만 아니라 교육 프로그램 및 기관의 의사결정과 정책을 결정하는 데도 유용하게 활용될 수 있다.

　학습 분석을 적용한 대표적인 대시보드 사례로 퍼듀대학교^{Purdue University}의 코스 시그널^{course signals}이 있다. 코스 시그널은 학생의 성취도를 예측하기 위해, ① 강좌에서 학생이 획득한 점수, ② 동료와 비교한 LMS상의 상호작용 정도, ③ 과거 학업 성취도(고등학교 GPA, 표준화검사 점수 등), ④ 학습자 특성(주거, 나이, 수강 학점 등)의 네개의 데이터 요소를 사용하였다. 예측 분석 결과를 신호등의 색깔을 이용하여 초록색은 성공 가능성이 높음을 나타내고, 노란색은 성공 가능성이 있음을 나타내며, 빨간색은 실패 위험이 높음을 의미하여 제시하였다. 학습 분석 결과는 강의 수강 학생들과 교수자에게 대시보드, 이메일, 문자로 제시되었다. 코스 시그널 사용 결과, 학생들의 중도 탈락률이 낮아지고 재등록률이 높아졌다. 학생들은 신호등의 시각적 자료 제시가 유

용하였고 학습 동기에 긍정적 영향을 주었다고 응답하였다. 또한 교수
자도 코스 시그널 정보로 어떤 학생에게 도움이 필요한지 빠르게 파악
하여 위험 학생에게 조기에 중재, 적절한 행동을 조치할 수 있었다고
평가하였다(Arnold & Pistilli, 2012).

 학습 분석을 통해 학습자 개인의 학습 상태를 파악하고 학습자에게
필요한 내용을 맞춤형, 적응적^{adaptive}으로 추천, 교수적 처방을 제공하
여 학습 효과를 높일 수 있다. 학생들의 학습 상태를 파악하기 위한 데
이터 유형에는 정오답률, 질문에 응답하기 전 연습에 소비한 시간, 요
청한 힌트의 횟수와 특성, 동일 실수 반복 등이 포함된다. 또한 학습자
개인의 취향과 적성, 수준에 따라 적합한 콘텐츠를 추천할 수 있다.

 이러닝 설계 및 개발 측면에서도 학습 분석을 통해 학습자의 학습
스타일 및 패턴에 관한 콘텐츠 선호도 정보를 수집할 수 있다. 다양한
집단별로 학습자 유형을 군집화하여 특징을 파악하고 학습자의 이해
도를 높임으로써 이러닝 프로그램의 질을 향상시킬 수 있다.

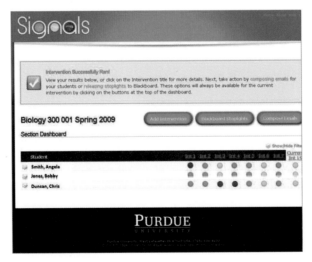

그림 10-5 Purdue 대학 학습분석 대시보드 예시

핵심 요약

- 4차 산업혁명은 인공지능, 빅데이터를 기반으로 사람-사물-공간의 초연결성, 초지능화, 융합화를 특징으로 함. 4차 산업혁명으로 인간과 기계의 상호보완적인 협업을 통해 창의, 판단, 감성 등 인간 고유의 일에 더 집중할 수 있게 되어 삶의 질이 향상될 것임.

- 4차 산업혁명은 교육 현장에도 큰 영향을 주고 있음. 창의적 문제해결력과 잠재력을 지원하기 위해 지능정보 기술이 적극적으로 활용될 것이며 빅데이터를 통한 학습자, 학습 과정에 관한 정보에 기반하여 개인별 맞춤형 교육이 가능해질 것임. 가상현실(VR)과 증강현실 기술로 새로운 학습 경험이 제공되며 인간의 인지적, 신체적 한계를 로봇을 활용하여 극복할 수 있음.

- 4차 산업혁명을 이끄는 핵심 기술로 **가상현실(VR), 증강현실(AR), 혼합현실(MR), 확장현실(XR)**을 활용하여 이용자의 몰입 경험을 제공하고 있음. **가상현실**은 실제로 존재하지 않으나, 만들어진 가상의 현실을 제공하는 영상 기술을 칭함. **증강현실**은 현실 공간의 특정 장면에서 실제로 존재하지 않은 가상의 이미지를 겹쳐서 보여 주는 기술임. **혼합현실**은 가상현실과 증강현실의 장점을 합친 영상 기술로 가상 객체와 현실 세계에 사용자와의 상호작용을 강화한 기술임. **확장현실**은 가상현실, 증강현실, 혼합현실을 모두 포괄하는 의미로 사용됨.

- 이러닝 환경에서 가상현실과 증강현실의 **교육적 효과**로 주의집중, 학습 흥미 및 동기, 학습 만족감, 몰입감, 학업 성취도 측면에서 효과가 입증됨. **실감형 콘텐츠**는 학습 실재감과 몰입감을 높여 줌.

- 이러닝 환경에서 **학습 분석**은 학습 과정을 평가하고 미래의 성과를 예측하며 잠재적 이슈를 발견하기 위해 학습자로부터 생산된 광범위한 자료를 수집하고 해석하는 활동임. 학습 분석을 통해 학습자 개인의 학습 상태 파악, 학습자에게 필요한 내용 맞춤형, 적응적 추천, 교수적 처방을 제공하여 학습 효과를 높일 수 있음.

도움이 되는 온라인 자료

- [초등 과학 4-2] 물의 여행 (AR) ㅣ 디지털교과서 연계 실감형콘텐츠 ㅣ 유튜브로 체험하기 https://www.youtube.com/watch?v=wwrGdmH3Qyc.

- [초등 과학 4-2] 화산 분출물 (VR) ㅣ 디지털교과서 연계 실감형콘텐츠 ㅣ 유튜브로 체험하기 https://www.youtube.com/watch?v=0fEA0pFA5P0.

- 디지털 교과서 중등 과학 실감형 콘텐츠 목록 https://dtbook.edunet.net/viewCntl/ARMaker?in_div=nedu&pg=listFour.

- Course Signals Explanation https://www.youtube.com/watch?v=-BI9E7qP9jA.

- [LAK 2012] May 2: 8B-Course Signals at Purdue https://www.youtube.com/watch?v=kURsmrkdS04.

참고문헌

계보경, 김혜숙, 이용상, 김상운, 손정은, 백송이(2020). COVID-19에 따른 초중등학교 원격교육 경험 및 인식 분석. 한국교육학술정보원 연구자료, GM 2020-11.

과학기술정보통신부(2020). 디지털 포용추진계획-다 함께 누리는 디지털 포용세상. 관계부처합동 자료집. 세종: 과학기술정보통신부.

교육부(2016). K-MOOC 강좌 개발 · 운영 가이드라인. 서울: 국가평생교육진흥원.

권성연(2009). e-Learning 환경에서 성인학습자의 학습시간 계획 실천 수준에 따른 학습참여, 학습지연, 학습시간, 학업 성취 차이 분석. **학습자중심교과교육연구**, 9(3), 61-86.

김선태, 나현미(2008). 이러닝 품질관리 컨설턴트 자격인증 프로그램 개발연구. 한국직업능력연구원 수탁연구, 08-44.

김수환, 김주훈, 김해영, 이운지, 박일준, 김묘은, 이은환, 계보경(2017). 디지털리터러시의 교육과정 적용 방안 연구. 한국교육학술정보원 연구보고, KR 2017-4.

김정화, 강명희(2010). 이러닝 환경에서 e-튜터의 학습지원이 교수실재감과 학습실재감의 하위 변인에 미치는 구조적 영향력. **교육정보미디어연구**, 16(3), 407-432.

김지심, 강명희(2010). 기업 이러닝에서 학습자가 인식한 교수실재감과 학습실재감, 학습효과의 구조적 관계 규명. **아시아교육연구**, 11(2), 29-56.

김한별(2010). **평생교육론(3판)**. 서울: 학지사.

나일주(편)(1999). **웹기반교육**. 서울: 교육과학사.

나일주, 한안나(2002). 학습자, 교수자, 운영자의 e-learning 인식 분석. 교육정보
    미디어연구, 8(2), 115-134.

남창우, 조다은(2019). K-MOOC에서 학습촉진을 위한 운영튜터의 역할지표 개
    발. 평생학습사회, 15(3), 35-60.

노은희, 신호재, 이재진, 정현선(2018). 교과 교육에서의 디지털 리터러시 교육
    실태 분석 및 개선 방안연구. 한국교육과정평가원 연구보고, RRC 2018-7.

박상훈(2020). 디지털 시민성 함양을 위한 디지털교과서 활용 방안. 디지털융복
    합연구, 18(2), 111-119.

박상훈, 김은협, 김태우, 유미경, 양선환(2020). 원격교육 수업 실행 방안. 한국교
    육학술정보원, 연구자료, RM 2020-11.

박종선(2013). 스마트 이러닝. 경기: 교문사.

박현린, 손은남(2020). 가상현실 및 증강현실 기술을 기반으로 한 매체의 교육적
    효과에 대한 국내 동향 연구. 학습자중심교과교육연구, 20(5), 725-741.

산업통상자원부(2020). 2019년 이러닝산업 실태조사. 정보통신산업진흥원 연구
    보고, 115028.

서종원, 박정은(2019). ICT융합교육 글로벌 동향. 한국교육학술정보원, 2019년
    제8호[통권 110호].

송상호, 최정임, 임정훈, 이준(2005). 초 · 중등교육에서 e-러닝 활성화를 위한
    주체별 역할과 지원전략 연구. 교육정보미디어연구, 11(4), 125-155.

신나민, 이선희, 김수연(2021). 교사와 예비교사를 위한 원격교육론. 서울: 박영스
    토리.

신명희, 박승호, 서은희(2005). 자기조절학습과 지연행동과의 관계. 교육학연구,
    43, 277-292.

신호영(2019). 이러닝 학습자들의 이러닝 이용동기 및 이용의도에 관한 탐색적
    연구. 한국융합학회논문지, 10(7), 225-233.

오연주(2010). 공공쟁점 중심 사회과 토론수업에서 학생들은 왜 말하지 않는가?.
    사회과교육, 49(2), 121-136.

우영희(2016). 대규모 온라인 강좌에서의 대리 상호작용의 활용 및 학습자 반응

분석. 교육방법연구, 28(4), 609-628.

유인식(2012). 스마트러닝에서의 학습관리시스템(LMS) 현안 분석. 한국교육학술정보원 연구자료, RM 2012-18.

유인식, 오병주(2012). 고등교육에서 Moodle을 이용한 LMS 구축: 서울대학교 구축 사례 중심. 정보과학회지, 30(5), 63-69.

유혜림, 송인국(2010). 웹 서비스 형태 변화에 따른 소셜 네트워크 서비스의 진화. 인터넷정보학회지, 11(3), 52-62.

윤대균(2019). 클라우드 기반 학습관리 시스템(LMS) 동향. 클라우드스토어 씨앗 이슈리포트 2019-06. 3-9.

이동주, 임철일, 임정훈 (2019). 원격교육론. 서울: 한국방송통신대학교 출판문화원.

이승민(2020). 정보격차의 패러다임 전환과 지적 정보격차. 한국도서관 · 정보학회지, 51(1), 91-114.

이영주(2018). 이러닝 환경에서 대리적 상호작용 교수 설계 원리 및 전략에 대한 이론적 탐색. 평생학습사회, 14(4), 29-50.

이영주(2020). 대화형 이러닝 콘텐츠에 관한 사용자 경험(UX) 질적 평가. 정보교육학회논문지, 24(6), 623-631.

이영주, 류기혁(2020). 수동적 이러닝 학습자 지원을 위한 대리적 상호작용 이러닝 설계 전략 개발. 교육혁신연구, 30(2), 1-30.

이영주, 조규락(2018). K-MOOC 참여 학습자 경험에 관한 연구: 현상학적 질적 연구 방법을 활용하여. 교육공학연구, 34(4), 991-1017.

이정기, 김정기(2014). 이공계열과 인문사회계열 대학생들의 이러닝 이용동기와 효과에 관한 연구: e러닝에 대한 평가, 이용동기, 이용의도를 중심으로. 한국소통학보, 24, 76-111.

이정연, 박미희, 소미영, 안수현(2020). 코로나19와 교육: 학교구성원의 생활과 인식을 중심으로. 한국도서관 · 정보학회지, 61(1), 91 114.

이지연, 이재경(2005). 이러닝의 개념화를 위한 일 고찰. Andragogy Today, 8(3), 1-31.

정영란, 장은정(2004). 이러닝 코스의 수월성 확보를 위한 질 관리 평가 준거 연구. 교육정보미디어연구, 10(2), 159–192.

정현재(2014). e러닝 지도실무(실전e러닝지침서). 서울: 콘텐츠미디어.

차현진(2018). 한국형 온라인 공개강좌(K-MOOC) 질 관리 체크리스트 개발에 관한 연구. 평생학습사회, 14(4), 137–166.

최미나, 장은정(2010). 이러닝 종사자의 직무별 역량기반 교육체계 개발 연구. 교육정보미디어연구, 16(2), 277–313.

한태인, 곽덕훈(2006). 이러닝 유러닝. 서울: 한독산학협동단지.

홍정민(2017). 에듀테크: 4차 산업혁명 시대의 미래교육. 서울: 책밥.

교육부(2020. 4. 7.). 코로나-19 대응을 위한 원격수업 출결·평가·기록 가이드라인. 교육부 보도자료.

교육부(2020. 8. 11.). 모든 학생들을 위한 교육 안전망 강화 방안. 전국시도교육감협의회 자료.

서울신문(2020. 4. 26.). 초등생 94% "어른이 도와줘요"… 현실이 된 '부모 개학'. http://m.seoul.co.kr/news/newsView.php?id=20200427009006&cp=seoul.

한겨레신문(2020. 7. 28.). 6월 모의평가, 줄어든 중위권… '원격수업 교육격차' 사실로. https://www.hani.co.kr/arti/society/schooling/955605.html.

BBC News 코리아(2020. 5. 3.). 코로나19: '줌' 영상통화 뒤에 몰려오는 피곤… 전문가가 말해준다. https://www.bbc.com/korean/news-52518704.

Aghaei, S., Nematbakhsh, M. A., & Farsani, H. K. (2012). Evolution of the world wide web: From WEB 1.0 TO WEB 4.0. *International Journal of Web & Semantic Technology, 3*(1), 1–10.

Arnold, K. E., & Pistilli, M. D. (2012, April). Course signals at purdue: Using learning analytics to increase student success. *In Proceedings of the 2nd international conference on learning analytics and knowledge* (pp. 267–270). New York, NY: ACM.

Bandura, A. (1977). *Social learning theory*. Englewood Cliffs, NJ: Prentice Hall.

Bates, T. (1999). *Managing technological change-strategies for college and universtiy learners*. San Francisco, CA: Jossey-Bass.

Bates, T. (2019). *Teaching in a digital age* (2nd ed.). Vancouver, BC: Tony Bates Associates Ltd.

Beaudoin, M. F. (2002). Learning or lurking?: Tracking the 'invisible' online student. *The Internet and Higher Education, 5*(2), 147-155.

Bocchi, J., Eastman, J. K., & Swift, C. O. (2004). Retaining the online learner: Profile of students in an online MBA program and implications for teaching them. *Journal of Education for Business, 79*(4), 245-253.

Bronack, S. C. (2011). The role of immersive media in online education. *The Journal of Continuing Higher Education, 59*(2), 113-117.

Castles, J. (2004). Persistence and the adult learner: Factors affecting persistence in Open University students. *Active Learning in Higher Education, 5*(2), 166-179.

Cheung, L. L. W., & Kan, A. C. N. (2002). Evaluation of factors related to student performance in a distance-learning business communication course. *Journal of Education for Business, 77*(5), 257.

Chi, M. T., Roy, M., & Hausmann, R. G. (2008). Observing tutorial dialogues collaboratively: Insights about human tutoring effectiveness from vicarious learning. *Cognitive Science, 32*(2), 301-341.

Chyung, S. Y. (2001). Systematic and systemic approaches to reducing attrition rates in online higher education. *American Journal of Distance Education, 15*(3), 36-49.

Clay, M. N., Rowland, S., & Packard, A. (2008). Improving undergraduate online retention through gated advisement and redundant communication. *Journal of College Student Retention: Research, Theory & Practice, 10*(1), 93-102.

DeLeeuw, K. E., & Mayer, R. E. (2008). A comparison of three measures of cognitive load: Evidence for separable measures of intrinsic, extraneous, and germane load. *Journal of Educational Psychology, 100*(1), 223.

Dennen, V. P. (2008). Pedagogical lurking: Student engagement in non-posting discussion behavior. *Computers in Human Behavior, 24*(4), 1624–1633.

Driscoll, D. M., Craig, S. D., Gholson, B., Ventura, M., Hu, X., & Graesser, A. C. (2003). Vicarious learning: Effects of overhearing dialog and monologue-like discourse in a virtual tutoring session. *Journal of Educational Computing Research, 29*(4), 431–450.

Dupin–Bryant, P. (2004). Pre–entry variables related to retention in online distance education. *American Journal of Distance Education, 18*(4), 199–206.

Frydenberg, J. (2007). Persistence in university continuing education online classes. *International Review of Research in Open and Distance Learning, 8*(3), 1–15.

Garrison, D. R., & Shale, D. (1987). Mapping the boundaries of distance education: Problems in defining the field. *American Journal of Distance Education, 1*(1), 7–13.

Hansch, A., McConachie, K., Schmidt, P., Hillers, L., Newman, C., & Schildhauer, T. (2015). *Video and online learning: Critical reflections and findings from the field.* Berlin: Alexander von Humboldt Institut Für Internet und Gesellschaft.

Holder, B. (2007). An investigation of hope, academics, environment, and motivation as predictors of persistence in higher education online programs. *Internet and Higher Education, 10*(4), 245–260.

Holmberg, B. (1986). *Growth and structure of distance education* (3rd ed.). London, England: Croom Helm.

Horton, W. (2001). *Leadinge E–Learning. Alexandria.* VA: Association for

Talent Development.

Ivankova, N. V., & Stick, S. L. (2007). Students' persistence in a distributed doctoral program in educational leadership in higher education: A mixed methods study. *Research in Higher Education, 48*(1), 93–135.

Johnson, L., Smith, R., Willis, H., Levin, A., & Haywood, K. (2011). *The horizon report 2011*. Austin, TX: The New Media Consortium.

Kember, D. (1995). *Open learning courses for adults: A model of student progress*. Englewood Cliffs, NJ: Educational Technology Publications.

Kemp, W. C. (2002). Persistence of adult learners in distance education. *American Journal of Distance Education, 16*(2), 65.

Khan, B. H. (1997). Web-based instruction: What is it and why is it?. In: Khan, B. H (Ed.). *Web-based instruction*. (pp. 5–18). Englewood Cliffs, NJ: Educational Technology Publications.

Knowles, M. S. (1978). *The adult learner. Houston*. TX: Gulf Publishing.

Knolwles, M. S., Holton, E. F., & Swanson, R. A. (2010). *The Adult Learner*. 최은수 역(2016). 성인학습자: 성인교육과 HRD가 만나는 고전의 결정판(8판). 서울: 아카데미프레스.

Law, N., Woo, D., de la Torre, J., & Wong, G. (2018). *A global framework of reference on digital literacy skills for indicator 4.4.2*. UNESCO Institute for Statistics (UIS/2018/ICT/IP/51).

Lee, Y., & Choi, J. (2011). A review of online course dropout research: Implications for practice and future research. *Educational Technology Research and Development, 59*(5), 593–618.

Levy, Y. (2007). Comparing dropouts and persistence in e-learning courses. *Computers and Education, 48*(2), 185–204.

Liu, S. Y., Gomez, J., & Cherng-Jyh, Y. (2009). Community college online course retention and final grade: Predictability of social presence. *Journal of Interactive Online Learning, 8*(2), 165–182.

Mayer, R. E. (2020). *Mutimedia Learning* (3rd ed.). New York, NY: Cambridge University Press.

MediaSmarts. (2015). Digital Literacy. Retrieved 19, January, 2018, from http://mediasmarts.ca/teacher-resources/digital-media-literacy-outcomes-province-territory/british-columbia/digital-literacy.

Molnár, S. (2003). The explanation frame of the digital divide. Proceedings of the Summer School, *Risks and Challenges of the Network Society*, 4-8.

Morris, L. V., Finnegan, C., & Wu, S. S. (2005a). Tracking student behavior, persistence, and achievement in online courses. *The Internet and Higher Education, 8*(3), 221-231.

Morris, L. V., Wu, S., & Finnegan, C. L. (2005b). Predicting retention in online general education courses. *American Journal of Distance Education, 19*(1), 23-36.

Moore, M. G. (1972). Learner autonomy: The second dimension of independent learning. *Convergence, 5*(2), 76-88.

Moore, M. G., & Diehl. W. C. (2018), *Handbook of Distance Education* (4th ed.). Oxfordshire, England: Routledge.

Moore, M. G., & Kearsley, G. (2012). Distance education: A systems view of online learning (3rd ed.). Boston, MA: Wadsworth Cengage Learning.

Morgan, C. K., & Tam, M. (1999). Unravelling the complexities of distance education student attrition. *Distance Education, 20*(1), 96-108.

Müller, T. (2008). Persistence of women in online degree-completion programs. *International Review of Research in Open and Distance Learning, 9*(2), 1-18.

Osborn, V. (2001). Identifying at-risk students in videoconferencing and web-based distance education. *American Journal of Distance Education, 15*(1), 41-54.

Packham, G., Jones, P., Miller, C., & Thomas, B. (2004). E-learning and retention: Key factors influencing student withdrawal. *Education Training, 46*(6/7), 335–342.

Park, J., & Tan, M. (2016). *A policy review: Building digital citizenship in Asia-Pacific through safe, effective and responsible use of ICT.* APEID-ICT in Education.

Parker, A. (1999). A study of variables that predict dropout from distance education. *International Journal of Educational Technology, 1*(2), 1–10.

Parker, A. (2003). Identifying predictors of academic persistence in distance education. *Usdla Journal, 17*(1), 55–62.

Perry, B., Boman, J., Care, W. D., Edwards, M., & Park, C. (2008). Why Do Students Withdraw from Online Graduate Nursing and Health Studies Education?. *Journal of Educators Online, 5*(1), 1–17.

Peters, O. (1988). Distance teaching and industrial production: A comparative interpretation in outline. In D. Sewart, D. Keegan, & B. Holmberg (Eds.), *Distance education: International perspectives* (pp. 95–113). New York, NY: Routledge.

Pierrakeas, C., Xenos, M., Panagiotakopoulos, C., & Vergidis, D. (2004). A comparative study of dropout rates and causes for two different distance education courses. *International Review of Research in Open and Distance Learning, 5*(2), 1–15.

Pigliapoco, E., & Bogliolo, A. (2008). The effects of psychological sense of community in online and face-to-face academic courses. *International Journal of Emerging Technologies in Learning (iJET), 3*(4), 60–69.

Poellhuber, B., Chomienne, M., & Karsenti, T. (2008). The effect of peer collaboration and collaborative learning on self efficacy and persistence in a learner-paced continuous intake model. *International Journal of E-Learning & Distance Education/Revue internationale du e-learning et la formation à distance, 22*(3), 41–62.

Rogers, E. M. (2003). *Diffusion of innovations* (5th ed.). New York, NY: The Free Press.

Rosenberg, M. J. (2001) E-learning: Strategies for delivering knowledge in the digital age. New York, NY: McGraw-Hill Education.

Rosenthal, T. L., & Bandura, A. (1978). Psychological modeling: Theory and practice. In S. L. Garfield & A. E. Bergin (Eds.), *Handbook of psychotherapy and behavior change: An empirical analysis.* (2nd ed., pp. 621-658). New York, NY: Wiley.

Rosenthal, T. L., & Zimmerman, B. J. (1978). *Social learning and cognition.* New York, NY: Academic Press.

Schlosser, L. A., & Simonson, M. (2009). *Distance education: Definition and glossary of terms* (3rd ed.). Charlotte, NC: Information Age Publishing.

Shin, N., & Kim, J. (1999). An exploration of learner progress and drop-out in Korea National Open University. *Distance Education, 20*(1), 81-95.

Shin, T. S., Hwang, H., Park, J., Teng, J. X., & Dang, T. (2019). *Digital kids Asia-Pacific: insights into children's digital citizenship.* Paris & Bangkok: UNESCO.

Siemens, G., & Yurkiw, S. (2003). The roles of the learner and the instructor in e-learning. In G. M. Piskurich (Ed.), *Preparing learners for e-learning* (pp. 123-138). John Wiley & Sons.

Simonson, M., & Seepersaud, D. J. (2019). *Distance education: Definition and glossary of terms* (4th ed.). NC: Information Age Publishing.

Simonson, M., Smaldino, S., & Zvacek, S. (2015). *Teaching and learning at a distance* (6th ed.). Charlotte, NC: Information Age Publishing Inc.

Smith, D., & Smith, K. (2014). Case for 'passive' learning-the 'silent' community of online learners. *European Journal of Open, Distance and e-learning, 17*(2), 86-99.

Sutton, L. A. (2001). The principle of vicarious interaction in computer-mediated communications. *International Journal of Educational Telecommunications, 7*(3), 223–242.

Sweller, J., Ayres, P., & Kalyuga, S. (2011). *Cognitive load theory.* New York, NY: Springer.

Tello, S. F. (2007). An analysis of student persistence in online education. *International Journal of Information and Communication Technology Education, 3*(3), 47–62.

Watkins, R., Leigh, D., & Triner, D. (2004). Assessing readiness for e–learning. *Performance Improvement Quarterly, 17*(4), 66–79.

Wedemeyer, C. (1981). *Learning at the backdoor.* Charlotte, NC: Information Age Publishing.

Wilson, G., & Stacey, E. (2004). Online interaction impacts on learning: Teaching the teachers to teach online. *Australasian Journal of Educational Technology, 20*(1), 33–48.

Xenos, M., Pierrakeas, C., & Pintelas, P. (2002). A survey on student dropout rates and dropout causes concerning the students in the Course of Informatics of the Hellenic Open University. *Computers and Education, 39*(4), 361.

Zhang, W., & Storck, J. (2001). *Peripheral members in online communities.* AMCIS 2001 Proceedings, 117.

http://www.celc.or.kr/Contents/cec20081N/081100508110050120081N/01/01/12/12_02.html

http://www.creativecommons.or.kr

http://www.elearningpartner.org/ltor/view.do?no=6

http://www.kaoce.org/

http://www.kyocom.co.kr/menu07/elearning.php?FirstPage=Li4vbG1zcm9vdC9jb250ZW50cy9wMDAxLzAxL2ludHJvLmh0bT9yb290PTAx&snifcode

https://1boon.kakao.com/kcie/5f6af49edcc0bf262ddfa42a

https://brunch.co.kr/@eduinus/28

https://k3hamilton.com/LTech/transactional.html

https://m.blog.naver.com/PostView.nhn?blogId=potoi&logNo=120203357533&
proxyReferer=https:%2F%2Fwww.google.com%2F

https://m.post.naver.com/viewer/postView.nhn?volumeNo=16646588&memb
erNo=24960905

https://medium.com/@vivekmadurai/web-evolution-from-1-0-to-3-0-
e84f2c06739

https://www.cyber.hs.kr/user/indexSSL.do

https://www.econovill.com/news/articleView.html?-idxno=307947

https://www.flickr.com/creativecommons/

https://www.ilearn.or.kr:9225/new/elearning/elearning_intro.asp

https://www.korea.kr/news/policyNewsView.do?newsId=148871218

https://www.korea.kr/news/policyNewsView.do?newsId=148871218

https://www.newspim.com/news/view/20210325000625

https://www.toctocmath.kr/#intro-anchor

https://zdnet.co.kr/

www.jinotech.com

찾아보기

인명

내용

저자 소개

이영주(Youngju Lee)
한국교원대학교 교육학과 교수(교육공학 전공)

  서울교육대학교 졸업 후 서울시 공립학교 초등교사로 근무하였고, 미국 위스콘신대학교(Univ. of Wisconsin-Madison)에서 교육심리, 학습과학(Learning Science) 전공으로 이학석사를 취득하였으며, 서울대학교 교육학과 교육공학전공 박사 수료, 미국 버지니아 주립대학교(Univ. of Virginia)에서 교육공학 박사학위를 취득하였다.

  현재 한국교원대학교 교육학과 교수로 학부생과 대학원생을 대상으로 '이러닝 교육론' '이러닝 설계' 교과목을 10년째 강의하고 있다. 이러닝, 원격교육 관련 연구로 대화형 이러닝 콘텐츠 개발, 수동적 이러닝 학습자 지원을 위한 대리적 상호작용 설계 전략 개발, K-MOOC 학습 경험 탐색 및 잠재 학습자 요구 분석, 블로그를 활용한 동료 피드백 효과, 온라인 학습 성공 및 중도 탈락 요인 분석과 온라인 교사 연수 개발 연구를 수행하였다.

  한국개발연구원(KDI), 한국교육학술정보원(KERIS), 국가과학기술인력개발원(KIRD), 한국인터넷진흥원(KISA), 한국기술교육대학교 온라인평생교육원, 한국질병관리청, 행정안전부 지방자치인재개발원 등 국가정책연구기관 및 공공기관 이러닝 콘텐츠 개발 사업 평가 및 자문 위원 활동을 수행하였다. 한국교원대학교 교육연구원장으로 교원양성대학 원격교육 역량강화 사업에 참여하여 미래교육센터 구축과 예비교원 원격교육 지원 콘텐츠 개발, 학습공동체 지원, 원격교육 멘토링 기획·운영을 하였다.

이메일: agnes@knue.ac.kr

뉴노멀 시대의 이러닝과 원격교육

E-Learning and Distance Education in the New Normal Era

2021년 9월 10일 1판 1쇄 인쇄
2021년 9월 20일 1판 1쇄 발행

지은이 • 이영주

펴낸이 • 김진환

펴낸곳 • ㈜**학 지사**

　　　　　04031 서울특별시 마포구 양화로 15길 20 마인드월드빌딩

대표전화 • 02-330-5114　　팩스 • 02-324-2345

등록번호 • 제313-2006-000265호

홈페이지 • http://www.hakjisa.co.kr

페이스북 • https://www.facebook.com/hakjisak

ISBN 978-89-997-2512-8　93370

정가 13,000원

출판 · 교육 · 미디어기업 **학 지사**

간호보건의학출판 **학지사메디컬** www.hakjisamd.co.kr

심리검사연구소 **인싸이트** www.inpsyt.co.kr

학술논문서비스 **뉴논문** www.newnonmun.com

교육연수원 **카운피아** www.counpia.com